AU

Margherita Maria Alacoque

Libro pubblicato da LIMOVIA.NET

TWITTER:
@EBOOKLIMOVIA

isbn: 9781490521251

L'autrice: Suor Maria della Croce

Margherita Maria Alacoque (Verosvres, 22 luglio 1647 – Paray-le-Monial, 17 ottobre 1690) è stata una monaca e mistica francese che fu canonizzata da papa Benedetto XV nel 1920.

Margherita Alacoque nacque a Lautecourt nei pressi di Verosvres nel dipartimento di Saone e Loira, nella Borgogna, il 22 luglio 1647. Era figlia di genitori ferventi cristiani, suo padre era il notaio Claude Alacoque e sua madre, Philiberte Lamyn, era anch'essa figlia di un notaio. Ebbe quattro fratelli: due, di salute cagionevole, morirono intorno all'età di vent'anni, mentre Chrysostome, il maggiore, prese le veci del padre[non chiaro] quando questi morì e l'altro fratello divenne curato di Bois Sainte-Marie.

Nella sua autobiografia narra di aver fatto voto di castità all'età di cinque anni. Ad otto anni il padre morì e la madre la inviò in un collegio gestito da suore Clarisse. Nel 1661 racconta che le apparve la Madonna. Nel 1669, all'età di 22 anni, ricevette la cresima; con l'occasione fece aggiungere al suo nome anche quello di Maria.

Margherita Maria Alacoque decise di entrare in monastero e nonostante l'opposizione della famiglia che voleva per lei un matrimonio entrò nell'ordine della Visitazione.

Dopo alcuni anni di vita nel monastero della Visitazione di Paray-le-Monial, il 27 dicembre 1673 Margherita Maria Alacoque riferì di aver avuto un'apparizione di Gesù, che le avrebbe domandato una particolare devozione al suo Sacro Cuore. Margherita Maria Alacoque affermò di aver avuto tali apparizioni per 17 anni, sino alla morte.

Per queste presunte apparizioni, Margherita Maria Alacoque venne malgiudicata dai superiori ed osteggiata dalle consorelle, tanto che essa stessa ebbe a dubitarne dell'autenticità.

Di diverso parere era il gesuita Claude La Colombière, profondamente convinto dell'autenticità delle apparizioni il quale, divenuto direttore spirituale della Alacoque, la difese anche dalla Chiesa locale la quale giudicava le apparizioni come "fantasie" mistiche.

Divenuta maestra delle novizie, all'indomani della sua morte, avvenuta nel 1690, due sue discepole, compilarono una Vita di suor Margherita Maria Alacoque.

"Era io delicata a segno, che anche una lieve immondezza moveami nausea. Di un cotal vizio il

Signore ripresemi sì gravemente, che una volta accingendomi a pulire il suolo dal vomito d'un'ammalata, non potei contenermi di tergerlo colla lingua, e di tranguggiarlo, al mio Signore dicendo: Se mille corpi avessi, mille amori, mille vite, tutto ciò a voi ben volentieri immolerei, per esser tutta vostra." (da Vita della venerabile madre Margherita Maria Alacoque, cap. XL, p. 79)

Margherita Maria Alacoque riceve dal suo direttore spirituale l'ordine di scrivere le sue esperienze ascetiche. Sebbene acconsenta a motivo del suo voto di obbedienza, ella inizia l'autobiografia[2] sottolineando tutto il suo disgusto per quanto le viene chiesto:

« Soltanto per amor Tuo, o mio Dio, mi sottometto all'obbedienza di scrivere queste memorie e ti chiedo perdono della resistenza che fino ad ora ti ho opposta. E siccome Tu solo sai quanto forte sia la mia ripugnanza, Tu solo puoi concedermi la forza di superarla. »

« Devo farmi estrema violenza per scrivere tutte queste cose che avevo tenute nascoste con tanta gelosia e tante precauzioni per il futuro. »

Afferma di ricevere in una rivelazione privata la conferma ad andare avanti nello scrivere, seppure dalle sue parole traspaia che ella riteneva i suoi racconti esclusivamente diretti al suo direttore spirituale:

« Queste parole mi dettero un gran coraggio, ma la paura, che questo mio scritto cada sotto lo sguardo altrui, continua; »

Dall'autobiografia apprendiamo che ella sentì la vocazione alla vita religiosa fin dall'infanzia, quando neppure comprendeva appieno cosa significasse:

« Oh, mio unico amore, quanto vi sono grata per avermi protetta sin dalla prima gioventù, divenendo signore e padrone del mio cuore [...] E senza sapere cosa volessero esattamente dire, mi Sentivo di continuo forzata a pronunciare queste parole: «O mio Dio, vi consacro la mia purezza e vi faccio voto di perpetua castità». »

A seguito, racconta che a partire dal 27 dicembre 1673 le apparve ripetute volte Gesù.

In quella che viene chiamata la grande rivelazione, scrive che Gesù le mostrò il suo Sacro Cuore e le chiese che il venerdì dopo l'ottava del Corpus Domini fosse celebrata una festa per rendere culto al Sacro Cuore.

Alacoque afferma anche di aver ricevuto da Gesù una grande promessa: a chi riceverà la comunione per nove mesi consecutivi, ogni primo venerdì del mese, verrà fatto il dono della penitenza finale. Esso consiste nella possibilità per il devoto di non morire in stato di peccato, né senza ricevere i sacramenti.

Margherita Maria prosegue affermando di aver ricevuto per 17 anni rivelazioni, nelle quali veniva chiamata da Gesù "discepola prediletta", ricevendo i "segreti del suo cuore divino" nonché la conoscenza della "scienza dell'amore".

L'autobiografia di Margherita Maria Alacoque contiene racconti di rivelazioni private ma anche di mortificazioni corporali:

« Dormivo sopra un asse o sopra bastoni nodosi, e poi mi battevo con la disciplina, cercando rimedio ai conflitti e ai dolori che sentivo dentro me. Tutto quanto potevo soffrire esteriormente, sebbene le umiliazioni e le contraddizioni di cui ho parlato prima fossero continue e aumentassero invece di diminuire, mi pareva un sollievo in confronto alle pene che soffrivo dentro me e che mi facevo violenza per sopportare in silenzio e tenere nascoste, come il mio buon Maestro m'insegnava. »

La notorietà di Margherita Maria Alacoque è dovuta al fatto che le rivelazioni che ella racconta di aver ricevuto porteranno allo sviluppo del culto e della festa al Sacro Cuore di Gesù. In questo senso si affianca ad altri religiosi come san Giovanni Eudes e il gesuita Claude La Colombière, suo padre spirituale, che favorirono tale culto. Esso era presente in modo meno popolare, in epoca precedente, ed è documentato da evidenti tracce storiche risalenti ai secoli XIII-XIV, soprattutto nella mistica tedesca.

In memoria ed onore di questo culto si portò a compimento l'edificazione della Basilica del Sacro Cuore nel quartiere di Montmartre a Parigi, accessibile dal 1876.

All'apertura canonica della sua tomba nel luglio 1830, il suo corpo è stato trovato incorrotto, e tale è rimasto, conservato sotto l'altare della cappella di Paray-le-Monial.

Il 18 settembre 1864 fu beatificata da papa Pio IX e canonizzata nel 1920, durante il pontificato di papa Benedetto XV. La sua memoria liturgica ricorre il 16 ottobre, mentre nel calendario delle ricorrenze religiose la festa in onore del Sacro Cuore di Gesù è stata stabilita per il venerdì successivo la II domenica dopo Pentecoste.

Nel 1928 Papa Pio XI riconobbe nell'enciclica Miserentissimus Redemptor la credibilità da parte della Chiesa cattolica delle visioni a Margherita Maria Alacoque, affermando che Gesù "si manifestò a Santa Margarita Maria".

VIVA GESÙ

1. Comincio questo scritto per obbedienza

È quindi per amore di Voi solo, o mio Dio, che mi sottometto a scrivere, al fine di obbedirvi, domandandovi perdono se ho opposto resistenza ai vostri voleri. Ma poiché solo Voi conoscete la grande ripugnanza che m'ispira, Voi solo potete darmi la forza di superarla, avendo io accolto questa obbedienza come un vostro cenno, come una punizione per l'eccesso di gioia e di zelo che mi ha guidata nel seguire la grande inclinazione da sempre avuta di seppellirmi in un eterno oblio delle creature viventi. D'improvviso, dopo avere ottenuto promesse da chi pensavo avrebbe potuto aiutarmi, e dopo avere distrutto quanto avevo scritto per obbedienza – o, meglio, la parte che me n'era stata lasciata –, ho ricevuto quest'ordine. O mio supremo bene, fate che io non scriva nulla se non per la vostra maggiore gloria e per la mia maggiore vergogna.

2. Orrore del peccato e voto di castità

Oh, mio unico amore, quanto vi sono grata per avermi protetta sin dalla prima gioventù, divenendo signore e padrone del mio cuore, pur sapendo che questo vi avrebbe opposto una strenua resistenza! Non appena ho appreso a conoscermi, Voi avete mostrato alla mia anima la bruttezza del peccato, così imprimendo un tale orrore nel mio cuore, che ogni minima macchia mi causava un tormento insopportabile; e per acquietare la vivacità della mia infanzia bastava che mi dicessero che offendeva Dio. Ciò mi fermava subito e mi faceva desistere da quanto avevo voglia di fare. E senza sapere cosa volessero esattamente dire, mi sentivo di continuo forzata a pronunciare queste parole: «O mio Dio, vi consacro la mia purezza e vi faccio voto di perpetua castità». E una volta le pronunciai tra le due elevazioni della Santa Messa, che, come al solito, ascoltavo a ginocchia nude nonostante il freddo che poteva fare. Non capivo cosa avevo fatto né cosa voleva dire la parola «voto», tantomeno voto di castità; la mia vera inclinazione era nascondermi in un bosco e me lo impediva solo il timore di potervi incontrare degli uomini.

3. Protezione della Santa Vergine

La Santissima Vergine si è sempre presa gran cura di me, che ricorrevo a lei per ogni mio bisogno, e mi ha salvata dai più gravi pericoli. Non osavo rivolgermi al suo divino figliolo, ma sempre a lei, cui offrivo la mia piccola corona del rosario, inginocchiata per terra o prosternandomi fino a baciare la terra a ogni Ave Maria.

4. Morte del padre

Persi mio padre che ero molto giovane e, poiché ero la sua unica figlia e mia madre, assorbita dalla cura dei suoi figli, che erano cinque, era spesso assente, sono stata educata sino a circa Otto anni e mezzo da domestiche e contadini.

5. A pensione presso le Clarisse di Charolles. Prima Comunione

Mi misero a pensione in una casa religiosa, dove mi fecero comunicare che avevo circa nove anni, e questa comunione colmò di tanta amarezza tutti i piaceri e i divertimenti, che non potevo gustarne alcuno, sebbene mi premurassi di ricercarli. Ma proprio quando mi accingevo a goderne con le mie compagne, sentivo sempre qualcosa che me ne allontanava e mi richiamava in un angolo nascosto, senza darmi tregua finché così non avessi fatto; e poi mi mettevo in preghiera, ma quasi sempre prosternata o con le ginocchia nude o genuflessa, ma sempre senza che mi si vedesse, ed era per me un tormento straordinario che mi trovassero in tale posizione. Avevo molta voglia di fare tutto quanto vedevo fare dalle religiose, le guardavo tutte come delle sante, pensando che, se fossi diventata monaca, sarei divenuta come loro; e da ciò mi nacque un desiderio talmente forte che vivevo solo per quello, sebbene non le trovassi così lontane dalle cose terrene come avrei voluto esserlo io. Non conoscendo altre religiose, pensai che dovevo restare con loro.

6. Una lunga malattia. Guarita dalla Santa Vergine

Ma caddi così terribilmente malata, che rimasi quattro anni senza poter camminare. Le ossa mi bucavano la pelle da ogni parte; per questo motivo restai solo due anni nel convento, senza che si riuscisse a trovare un rimedio ai miei mali, tranne quello di votarmi alla santa Vergine, promettendole che, se mi avesse guarita, sarei un giorno divenuta una delle sue figlie. Non appena ebbi pronunciato quel voto, ottenni la guarigione insieme alla protezione della Vergine santissima, la quale divenne talmente padrona del mio cuore, che, considerandomi sua, mi governava come se le fossi dedicata, rimproverandomi delle mie colpe e insegnandomi a fare la volontà del mio Dio. Una volta mi accadde che, essendomi seduta a dire il nostro rosario, Lei mi apparve e mi fece un rimprovero che non si è più cancellato dalla mia mente, sebbene all'epoca fossi ancora molto giovane: «Mi meraviglio, figlia mia, che tu mi serva con tale negligenza!». Queste parole lasciarono un'impressione così forte nella mia anima, che mi sono servite per tutta la vita.

7. La dissipazione

Avendo ritrovato la salute, pensai solo ad approfittare del piacere della mia libertà, senza darmi troppa cura di mantenere la promessa. Ma, mio Dio, non pensavo allora a quanto Voi mi avete fatto conoscere e sperimentare in seguito e cioè il vostro sacro Cuore, che mi ha partorita tanto dolorosamente sul Calvario; e la vita che mi avevate dato poteva solo nutrirsi del cibo della Croce, mio delizioso nutrimento. Ed ecco come: non appena cominciai ad assaporare la salute, mi avvicinai alla vanità e all'affetto delle persone, cullandomi all'idea che la tenerezza che mia madre e i miei fratelli avevano per me mi consentiva di godere delle mie piccole gioie e di dedicarmi ai divertimenti ogni volta che lo desideravo. Ma Voi, mio Dio, mi mostraste che mi ero allontanata dal mio interesse, assecondando la mia inclinazione che per natura tendeva al piacere, ma in realtà allontanandomi dai vostri disegni, che si rivelarono molto lontani dai miei.

8. Persecuzione domestica

Intanto mia madre s'era spogliata della sua autorità domestica per cederla ad altri, i quali se ne appropriarono in maniera tale, che lei e io ci ritrovammo nella peggiore servitù; non che voglia biasimare queste persone, né credere che fecero male a farmi soffrire. Il mio Dio non mi permetteva simili pensieri, lasciandomi solo considerare ogni cosa come uno strumento affinché si compisse la sua volontà. Entrambe non avevamo alcun potere in casa e non osavamo fare nulla senza permesso. Era una guerra continua, tutto era sotto chiave, al punto che molte volte non avevo di che vestirmi per andare alla santa Messa e dovevo farmi prestare cuffia e abiti. Così cominciai a sentirmi prigioniera e arrivai al punto di non poter fare nulla né uscire senza il consenso di tre persone. Da quel momento mi volsi a cercare ogni piacere e ogni consolazione nel santissimo Sacramento dell'altare. Ma trovandomi a vivere in un villaggio lontano dalla chiesa, potevo recarmici solo col consenso di quelle persone; e accadeva che, quando una consentiva, l'altra non era d'accordo; e spesso, allorché manifestavo il mio dolore con le lacrime, mi rimproveravano che forse avevo dato appuntamento a qualche ragazzo e che soffrivo di non potermici recare per essere accarezzata e baciata, con la scusa della messa o della benedizione del santo Sacramento. Proprio a me che provavo orrore di tutto ciò, che mi sarei fatta fare a pezzi piuttosto che nutrire simili pensieri! Era in quei momenti che non sapevo dove rifugiarmi, a parte qualche recesso del giardino o della stalla o altri luoghi segreti, dove mi era possibile inginocchiarmi per aprire con le lacrime il mio cuore a Dio, grazie all'intercessione della santissima Vergine, mia madre putativa, cui mi affidavo totalmente; restavo così per giornate intere, senza bere né mangiare. Questo era normale e spesso la gente del villaggio, mossa a compassione, mi regalava verso sera un po' di latte o qualche frutto. Quando dovevo rientrare, ero così timorosa e impaurita, che mi pareva d'essere una povera criminale che avesse appena ricevuto la condanna; sarei stata più felice se fossi andata a mendicare il cibo, piuttosto che vivere in quel modo, anche perché non osavo sedermi a tavola. Infatti, sin dal momento in cui entravo in casa, ricominciava più forte la tiritera perché non mi ero occupata dei servizi domestici né di accudire i bambini di quelle benefattrici della mia anima; e senza che potessi dire una sola parola, mi mettevo al lavoro con i servi. Dopodiché trascorrevo le notti, così come le giornate, a versare lacrime, ai piedi del mio crocifisso, il quale mi mostrò, senza che io comprendessi nulla, che voleva divenire padrone del mio cuore e assimilarmi completamente alla sua vita di sofferenza. Per questo motivo voleva divenire il mio padrone, rendendosi presente alla mia anima per farmi agire come Lui aveva agito fra quei crudeli dolori, che mi mostrava di aver patito per amor mio.

9. Ecce homo, Amore per la sofferenza

Da quel momento la mia anima fu da Lui così penetrata, che desiderai che le mie pene non cessassero neppure per un istante. Perché da quel momento Lui era sempre presente, sotto forma di un crocifisso o dell'immagine dell'Ecce Homo che portava la sua croce; questo mi pervadeva di una tale compassione e di un tale amore per le sofferenze, che tutti i miei dolori mi apparivano leggeri in confronto al desiderio che provavo di patirne per conformarmi al mio Gesù sofferente. E mi dolevo se quelle mani, che talora si levavano per colpirmi, s'arrestavano senza aver scaricato su di me tutta la loro severità. Mi sentivo continuamente forzata a rendere ogni sorta di servizi a questi veri amici della mia anima, che si sarebbe di buon cuore sacrificata per loro, e non avevo piacere maggiore che far loro del bene e dire di loro tutto il bene possibile. Ma non cro io a fare tutto ciò che scrivo e che mio malgrado scriverò, perché era il mio sovrano Maestro, che si era impadronito della mia volontà e non mi permetteva alcuna protesta, sospiro o risentimento contro queste persone. Non mi consentiva neanche di soffrire perché non mi veniva usata compassione, dicendo che compassione non era stata usata nei suoi confronti e che Lui voleva che, qualora non fossi riuscita a impedire che me ne parlassero, dessi loro piena ragione e mi facessi carico di tutti i torti, dicendo, la qual cosa è verità, che i miei peccati meritavano ben di peggio.

10. Ripugnanza a scrivere la sua vita. Nostro Signore glielo impone e le spiega il perché

Ho dovuto farmi un'estrema violenza per scrivere questi fatti, che avrei voluto tenere accuratamente nascosti, evitando perfino di conservarne traccia nella mia memoria, così da lasciare ogni cosa in quella del mio buon Maestro, con cui mi sono lamentata per la grande ripugnanza che provo. È Lui si è fatto udire e mi ha detto: «Continua, figlia mia, continua, nonostante tutte le tue ripugnanze. È necessario che la mia volontà si compia». «Ma, Dio Mio, com'è possibile ricordarsi di quanto è avvenuto più di venticinque anni fa?». «Non sai forse che io sono l'eterna memoria del mio Padre celeste, che nulla mai dimentica e nella quale il passato e il futuro sono come il presente? Scrivi pure senza timore seguendo ciò che io ti detterò e ti prometto che ti ungerò della mia grazia, affinché io ne sia glorificato. In primo luogo, voglio questo da te per mostrarti come mi compiaccio di rendere inutili tutte le precauzioni che ti ho lasciato prendere per celare la profusione di grazie con cui mi sono compiaciuto ad arricchire una creatura povera e meschina come te. Non dovrai mai dimenticare tali favori per rendermi continuamente azioni di grazia. In secondo luogo, per insegnarti che non devi mai appropriarti dei miei favori, né essere avara nel distribuirli agli altri, perché io mi sono voluto servire del tuo cuore come di un canale per diffonderli secondo i miei disegni tra le anime, molte delle quali, come in seguito ti mostrerò, saranno così sottratte all'abisso della perdizione. In terzo luogo, è per mostrare che io sono la Verità eterna, che non può mentire, fedele alle sue promesse, e che i favori che ti ho concesso possono affrontare ogni sorta di esame o prova». Dopo queste parole mi sono sentita così fortificata, che, nonostante il grande timore che questo scritto sia letto, mi sono risolta a proseguire a qualunque costo per compiere la volontà del mio Signore.

11. Malattia della madre

La più dura delle mie croci era non poter addolcire i tormenti di mia madre, che mi erano cento volte più difficili da sopportare dei miei, sebbene non le offrissi mai l'occasione di parlarmene, per paura di offendere Dio prendendo gusto a parlare delle nostre pene. Era durante le sue malattie che la mia sofferenza si faceva maggiore, perché lei, interamente affidata alle mie cure e ai miei servizi, soffriva molto; tanto più che ogni cosa era sotto chiave e mi toccava andar a elemosinare persino le uova e le altre cose necessarie a curare i malati. Questo non era un tormento lieve per il mio carattere timido, specie avendo a che fare con i contadini che mi intrattenevano più di quanto avessi voluto. Mia madre ebbe una mortale risipola alla testa, di grossezza, rossore e durezza spaventosi, e si limitarono a farla salassare da un chirurgo di campagna di passaggio, il quale mi disse che a meno di un miracolo non si sarebbe salvata. Senza che nessuno se ne dolesse, né provasse pena tranne me, che potevo solo ritirarmi nel mio consueto rifugio e rivolgermi alla santa Vergine e al mio sovrano Maestro, gli unici ai quali potevo svelare le angosce che mi attanagliavano, senza doverne ricevere scherno, ingiurie o accuse. Mi recai dunque alla messa il giorno della circoncisione dì Nostro Signore, per chiedergli di divenire lui stesso il medico e la cura per la mia povera madre e di mostrarmi quanto dovevo fare. Lui lo fece con tale misericordia che, non appena rientrata, trovai la guancia di mia madre aperta da una piaga grande come un palmo, che emanava un fetore intollerabile, e nessuno voleva avvicinarsi. Non avevo alcuna nozione su come curare le piaghe e non riuscivo a guardarle né a toccarle, prima di allora, e non disponevo di altro unguento che quello della divina provvidenza. Tagliavo tutti i giorni pezzi di carne marcia, ma provavo tale coraggio e fiducia nella bontà del mio Signore, che sentivo sempre presente, che alla fine, contro ogni previsione umana, mia madre guarì in capo a pochi giorni. Durante tutto il tempo della malattia, non mi coricai né dormii quasi per nulla; mangiavo pochissimo e digiunai per giorni interi. Ma il mio divino Maestro mi consolava e mi faceva sentire in perfetta conformità col suo santissimo volere e solo con Lui mi lasciavo andare, dicendogli: «O mio sovrano Maestro, se non lo voleste, tutto ciò non accadrebbe; ma io vi rendo grazie per averlo permesso alfine di rendermi simile a Voi».

12. Attrazione per la preghiera

E in tutto ciò mi sentivo profondamente attratta dalla preghiera e mi faceva soffrire molto il fatto di non sapere e non poter apprendere come si doveva pregare, non avendo mai avuto contatti con persone spirituali; non conoscevo altro che la parola «orazione», la quale rapiva il mio cuore. E mi rivolsi al mio sovrano Maestro, che mi spiegò come voleva che io pregassi; e ho pregato così per tutta la mia vita. Mi faceva prosternare umilmente davanti a Lui, per chiedergli perdono di tutte le offese che gli avevo fatto e poi, dopo averlo adorato, potevo offrirgli la mia preghiera, anche se non sapevo come proseguire. In seguito Lui stesso mi appariva nel mistero che voleva che io contemplassi, e prendeva fortemente possesso del mio spirito, tenendo la mia anima e tutte le mie forze fisse su di sé, al punto che non riuscivo più a distrarmi, perché il mio cuore si consumava nel desiderio di amarlo e questo m'infondeva un desiderio insaziabile di comunione santa e di sofferenza. Non sapevo come fare. Avevo tempo solo durante la notte e ne approfittavo al massimo, ma, sebbene questa occupazione mi fosse piacevole oltre ogni dire, non la consideravo una preghiera ed ero sempre desiderosa di applicarmi; gli promisi che, se mi avesse insegnato a pregare, avrei passato il maggior tempo possibile pregando. Tuttavia, la sua bontà non mi faceva andare oltre quanto ho appena descritto ed ero disgustata dalle preghiere solo verbali, che non riuscivo a formulare al cospetto del santo Sacramento, di fronte al quale mi sentivo così presa, che non mi stancavo mai di contemplano.

13. Amore per il santo Sacramento e desiderio della Comunione

Avrei trascorso giorni e notti senza bere né mangiare, senza sapere cosa stessi facendo, a parte consumarmi alla presenza del santo Sacramento come un cero acceso, al fine di ricambiare il suo amore. Non riuscivo a rimanere in fondo alla chiesa e, per quanto imbarazzo provassi dentro me, mi avvicinavo il più possibile al santissimo Sacramento. Ritenevo felici e invidiavo solo quelle persone che potevano comunicarsi spesso e che erano libere di restare davanti al santissimo Sacramento, sebbene io impiegassi male il tempo che trascorrevo lì e credo che non facessi altro che disonorarlo. Cercavo di procurarmi il favore delle persone che ho menzionato prima, al fine di ottenere qualche momento da passare davanti al santo Sacramento. Accadeva che, in punizione dei miei peccati, non riuscivo a dormire la notte di Natale e il curato urlava durante la predica che chi non aveva dormito non doveva comunicarsi e io non osavo farlo. Così quel giorno di gioia era per me un giorno di lacrime, che erano il mio cibo e ogni mio diletto.

14. La sua colpa più grande

Ma avevo anche commesso crimini terribili! Una volta a Carnevale, insieme ad altre compagne, mi mascherai per pura vanità e questo è stato causa di lacrime e dolore per tutta la mia vita, come pure l'altro peccato di abbigliarmi, cedendo alla vanità, per compiacere quelle persone che ho prima menzionato e che Dio ha utilizzato come strumenti della giustizia divina, al fine di vendicarsi delle ingiurie che gli ho fatto con i miei peccati. Quelle persone erano virtuose e non credevano di farci del male con tutto ciò che ci hanno fatto, e anch'io ero convinta che non ce ne facessero, perché era il mio Dio che voleva così e io non portavo loro alcun rancore.

15. Imbarazzo nello scrivere questo racconto

Ma, ahimè, mio Signore, abbiate pietà della mia debolezza! Sento un dolore profondo e una vergogna nello scrivere queste cose, dopo avervi opposto così a lungo resistenza. Sostenetemi, mio Dio, affinché io non soccomba sotto il rigore dei meritati rimproveri. No, mi rifiuto, col soccorso della vostra grazia, di opporvi mai più resistenza, anche se dovesse costarmi la vita, attirare su di me tutto il disprezzo degli uomini, scatenare contro di me tutti i furori dell'inferno per vendicare le resistenze che vi ho opposto Ve ne chiedo perdono, così come vi chiedo la forza di portare a termine quanto desiderate da me, nonostante ogni ripugnanza che il mio amor proprio possa manifestare.

16. È chiesta in sposa

A mano a mano che crescevo, le mie croci aumentavano, perché il diavolo sollecitava quelli che il mondo riteneva buoni partiti a cercare di sottrarmi al voto che avevo fatto. E ciò comportava molta gente da vedere, cosa che era per me un piccolo supplizio. Da una parte, i miei parenti facevano pressione su di me, soprattutto mia madre, la quale piangeva continuamente e mi diceva che l'unica speranza di uscire dalla sua miseria era riposta in me, nel conforto di cui avrebbe goduto vivendo con me, non appena mi fossi accasata. Dall'altra parte, Dio perseguitava così vivamente il mio cuore da non lasciarmi un attimo di tregua; avevo sempre il mio voto dinanzi agli occhi e, se vi avessi mancato, sarei stata punita con spaventosi tormenti. Il demonio si serviva della tenerezza e dell'affetto che provavo per mia madre, mostrandomi senza sosta le lacrime che versava e suggerendomi che, se mi fossi fatta monaca, sarei stata la causa della sua morte per afflizione e ne avrei risposto a Dio, dal momento che lei era interamente affidata alle mie cure e ai miei servizi. Questo mi causava un tormento insopportabile, perché l'amavo teneramente e lei amava me e non potevamo vivere senza vederci. Tuttavia, il desiderio di essere monaca mi perseguitava senza tregua e avevo orrore dell'impurità. Tutto ciò mi faceva soffrire un martirio e non avevo tregua; mi scioglievo in lacrime senza nessuno con cui confidarmi e non riuscivo a prendere una decisione. Infine il tenero affetto che provavo per mia madre cominciò a prendere il sopravvento e pensai che sarebbe stato possibile farmi dispensare perché, quando avevo fatto quel voto, non ero che una bambina e non capivo di cosa si trattava. Inoltre, temevo di vincolare la mia libertà, dicendomi che non avrei potuto fare digiuni o elemosine o discipline a mio piacimento, che la vita religiosa richiedeva a chi l'intraprendeva una santità quale mai sarei riuscita a raggiungere, e che mi sarei dannata.

17. Il mondo l'attrae. Conflitto interiore

Così cominciai a frequentare la società e a voler piacere, cercando di divertirmi il più possibile. Solo Voi, mio Dio, siete testimone della forza e della lunghezza di questo terribile conflitto che si combatteva dentro me e durante il quale sarei stata sconfitta mille e mille volte senza l'aiuto straordinario della vostra bontà misericordiosa. Questa aveva disegni ben diversi da quelli che costruivo nel mio cuore, cui Voi faceste comprendere in questa come in mille altre occasioni quanto sarebbe stato difficile opporre resistenza alla potente trafittura del vostro amore, sebbene la mia malizia e la mia infedeltà mi facessero impiegare tutte le forze e le astuzie per resistergli e per spegnere in me ogni suo moto. Ma fu invano. Infatti, nel bel mezzo delle compagnie e dei divertimenti, il vostro amore mi lanciava dardi così ardenti che trafiggevano e consumavano il mio cuore da ogni parte; e la sofferenza che provavo mi lasciava stordita. E ciò non bastava a far desistere un cuore ingrato come il mio, e mi sentivo così legata e avvinta da corde, che ero costretta a seguire colui che mi chiamava in un luogo segreto, dove mi rivolgeva severi rimproveri; era geloso del mio misero cuore, che pativa persecuzioni spaventose. E dopo avergli chiesto perd6no, con la faccia rivolta a terra, mi obbligava a una lunga e rigida disciplina; dopodiché ritornavo come prima alle mie resistenze e alle mie vanità. La sera, quando lasciavo quelle maledette livree di Satana, cioè quei vani paludamenti, strumenti della sua malizia, il mio sovrano Maestro mi appariva, sfigurato come durante la sua flagellazione, e mi rivolgeva straordinari rimproveri: erano le mie vanità che l'avevano ridotto in tale stato e io perdevo un tempo prezioso di cui avrei dovuto rendergli conto nell'ora della mia morte. Mi diceva pure che lo tradivo e lo perseguitavo, dopo che Lui mi aveva dato tali e tante prove del suo amore e del desiderio che aveva di rendermi conforme a sé. Tutto ciò si imprimeva in me con tanta forza e apriva piaghe così dolorose nel mio cuore, che ne piangevo amaramente e mi è molto difficile esprimere tutto quello che soffrivo e che accadeva dentro me.

18. Penitenze corporali

Non sapevo cosa fosse la vita spirituale, perché non ne ero stata istruita e non ne avevo sentito parlare; sapevo solo ciò che il mio divino Maestro m'insegnava e mi faceva fare con la sua amorosa violenza. E per punirmi in qualche modo delle ingiurie che gli facevo e per riprendere la somiglianza e la conformità con Lui, alleviando il dolore che mi tormentava, legavo questo miserabile e criminale corpo con corde annodate e le stringevo così forte, che a malapena potevo respirare e mangiare. E tenevo le corde strette così a lungo, che s'immergevano profondamente nella mia carne, che vi ricresceva sopra, e riuscivo a strapparle solo con molta violenza e crudeli dolori; lo stesso facevo con le catenelle che legavo alle braccia e che toglievo portandomi via pezzi di carne. Dormivo sopra un asse o sopra bastoni nodosi, e poi mi battevo con la disciplina, cercando rimedio ai conflitti e ai dolori che sentivo dentro me. Tutto quanto potevo soffrire esteriormente, sebbene le umiliazioni e le contraddizioni di cui ho parlato prima fossero continue e aumentassero invece di diminuire, mi pareva un sollievo in confronto alle pene che soffrivo dentro me e che mi facevo violenza per sopportare in silenzio e tenere nascoste, come il mio buon Maestro m'insegnava. Nulla traspariva all'esterno, a parte il fatto che mi vedevano impallidire e disseccarmi. Il timore che avevo di offendere il mio Dio mi tormentava più di tutto il resto, perché i miei peccati mi apparivano continui e così grandi, che mi meravigliavo che l'inferno non s'aprisse sotto i miei piedi per inghiottire una tale miserabile peccatrice. Avrei voluto confessarmi tutti i giorni, ma potevo farlo solo di rado. Consideravo santi coloro che indugiavano a lungo in confessione, pensando che non erano come me, che non sapevo accusarmi dei miei peccati. Ciò mi faceva versare molte lacrime.

19. Desiderio della vita religiosa

Dopo aver passato molti anni tra questi dolori, conflitti e molti altri patimenti, senza altra consolazione che il mio Signore Gesù Cristo, il quale era divenuto mio maestro e governatore, il desiderio della vita religiosa si riaccese così ardentemente nel mio cuore, che mi decisi a farmi monaca a ogni costo. Purtroppo ciò fu possibile solo quattro o cinque anni più tardi e, durante tutto quel tempo, le mie sofferenze e i miei conflitti raddoppiarono, mentre io cercavo di raddoppiare allo stesso modo le penitenze, quando il mio divino Maestro me lo permetteva. Lui fece cambiare molto il mio comportamento, mostrandomi la bellezza delle virtù e sopratutto dei tre voti di povertà, castità e obbedienza, dicendomi che, quando li si pratica, si diventa santi, e lo diceva perché io, pregando, gli chiedevo di farmi diventare santa. E poiché la mia unica lettura erano le Vite dei Santi, dicevo aprendole: «Devo trovarne una facile da imitare, affinché io possa comportarmi in quel modo e così diventare santa». Ma quanto mi angosciava era vedere che offendevo molto Dio, mentre pensavo che i santi non l'avevano fatto o, se l'avevano fatto, erano stati sempre in penitenza. Così mi veniva voglia di fare penitenza; il mio divino Maestro m'imprimeva un timore così grande di seguire la mia volontà, che ero convinta che avrebbe gradito solo ciò che avessi fatto per amore e obbedienza. Questo suscitò in me un gran desiderio di amarlo e di agire solo per obbedienza, ma non sapevo come realizzare l'uno né l'altra; pensavo che fosse un delitto dire che l'amavo, perché le mie azioni smentivano le mie parole. Gli chiesi di insegnarmelo e di farmi fare ciò che voleva che facessi per fargli piacere e amarlo e Lui lo fece nel modo che ora dirò.

20. Carità verso i poveri e gli infermi

Lui suscitò in me un amore così tenero per i poveri, che non avrei voluto parlare d'altro, e impresse in me una così tenera compassione per i miseri che, se fosse stato in mio potere, mi sarei privata di tutto; allorché avevo del denaro lo regalavo ai poveri per attrarli presso di me e così insegnar loro il catechismo e a pregare Dio. Ciò faceva si che mi seguissero e, certe volte, ne avevo così tanti, che non sapevo dove metterli d'inverno, a parte uno stanzone da cui qualche volta venivamo scacciati. Ero molto mortificata perché non volevo che si vedesse quanto facevo; la gente pensava che davo ai poveri tutte le cose di cui riuscivo a impossessarmi, ma non avrei potuto farlo per timore di rubare e donavo solo ciò che era mio e mai senza il rispetto dell'obbedienza. Questo mi costringeva a fare moine a mia madre, affinché mi consentisse di donare ciò che avevo; poiché lei mi amava molto, consentiva facilmente. Se me lo rifiutava, restavo tranquilla e, dopo un po' di tempo, ritornavo alla carica, perché non potevo fare nulla senza consenso, non solo di mia madre, essendo pure soggetta a quelli con cui vivevo, cosa che era un continuo supplizio. Ma pensavo che dovevo sottomettermi a tutti quelli che più mi ripugnavano e obbedire loro per vedere se potevo diventare monaca. Tutti questi permessi da chiedere mi attirarono rifiuti e mi resero così prigioniera, che, per via della grande autorità che veniva esercitata su di me, non poteva esserci una monaca più sottomessa. Ma il desiderio ardente che provavo di amare Dio mi faceva superare tutte le difficoltà e mi rendeva attenta a fare tutto quanto più contrastava con le mie inclinazioni e per cui provavo più ripugnanza. Mi sentivo talmente spinta ad agire in tal modo, che confessavo come un peccato il non averlo fatto. Mi disgustava vedere piaghe e mi misi a curarle e a baciarle, pur non sapendo come fare. Ma il mio divino Maestro sapeva supplire così bene a tutte le mie deficienze, che le piaghe guarivano prestissimo senz'altro unguento che quello della Provvidenza e, sebbene fossero molto pericolose, io avevo più fiducia nella sua bontà che nei rimedi umani.

21. Rimproveri di Nostro Signore che comincia a svelarle i suoi disegni

Ero per natura portata all'amore per i piaceri e il divertimento. Non riuscivo più a gustarne alcuno, ancorché cercassi di fare il possibile per procurarmene; ma la figura dolorosa che allora mi appariva ossia quella del mio Salvatore appena flagellato, m'impediva di goderne perché mi rivolgeva questo rimprovero che mi trafiggeva il cuore: «Vorresti godere di questo piacere? E io che non ho mai goduto di alcun piacere e mi sono dato a ogni sorta di amarezza per tuo amore e per conquistare il tuo cuore! E nonostante ciò tu vorresti ancora contendermelo!». Tutto questo m'impressionava moltissimo, ma in buona fede devo confessare che non capivo nulla di tutto ciò, avevo uno spirito rozzo e poco spirituale e facevo del bene solo perché Lui mi ci costringeva con tale forza, che non riuscivo a resistere. È questo il motivo per cui sono così confusa dinanzi a quanto scrivo, mentre preferirei rendere noto fino a che punto sono degna del più severo castigo eterno, a causa delle mie continue resistenze a Dio e delle opposizioni alle sue grazie. Vorrei anche far vedere la grandezza della sua misericordia, perché pareva che avesse deciso di perseguitarmi e di contrapporre di continuo la sua bontà alla mia malizia e il suo amore alle mie ingratitudini. Le mie ingratitudini sono state per tutta la mia vita causa del più acuto dolore; non ero capace di riconoscere il mio sovrano liberatore, che ha cominciato a prendersi così amorevolmente cura di me fin dalla culla e ha sempre continuato a farlo. Una volta in cui ero in un abisso di stupore, perché vedevo che i miei tanti difetti e le mie tante infedeltà non riuscivano a respingerlo, Lui così mi rispose: «Voglio fare di te una fusione del mio amore e della mia misericordia». In un'altra occasione mi disse: «Ti ho scelta come sposa e, quando tu hai fatto voto di castità, ci siamo promessi fedeltà. Sono stato io a indurti a farlo, prima ancora che il mondo avesse parte nel tuo cuore, perché lo volevo completamente puro, senza macchia di affetti terreni, e per conservarmelo così, ho tolto ogni malizia dalla tua volontà, di modo che non potesse corromperlo».

22. Affidata alle cure delle Santa Vergine

«E poi ti ho affidata alle cure della mia santa Madre, affinché ti plasmasse secondo i miei disegni». Lei è sempre stata per me una buona madre e non ha mai rifiutato il suo aiuto per tutte le mie pene e i miei bisogni, e con tale fiducia che mi pareva di non aver nulla da temere sotto la sua materna protezione. Io le avevo fatto voto di digiunare ogni sabato e di dire l'ufficio della sua Immacolata Concezione non appena avessi imparato a leggere, e di fare sette genuflessioni tutti i giorni della mia vita recitando sette Ave Maria, per onorare i suoi sette dolori. Mi ero consacrata a lei per essere sempre sua schiava, chiedendole di non rifiutarmi che così fosse. Le parlavo con semplicità, al pari di un bambino, come alla mia buona Madre, per la quale sin d'allora provavo un amore tenerissimo.

23. Rischia di lasciarsi vincere dall'amore per i suoi e dalle menzogne del demonio

Lei mi rimproverò severamente quando mi vide pronta a soccombere al terribile conflitto che sentivo in me. Perché, non potendo più resistere alle persecuzioni dei miei e alle lacrime di una madre che amavo così teneramente e che mi diceva che una figlia deve sposarsi a vent'anni, cominciavo a cedere. Satana mi ripeteva in continuazione: «Povera miserabile, cosa credi di fare diventando monaca? Farai ridere tutti, perché non sarai capace di perseverare. E che vergogna lasciare l'abito da monaca e il convento! Dove potrai andare a nasconderti?». Mi scioglievo in lacrime perché avevo un terribile orrore degli uomini e non sapevo che decisione prendere, ma il mio divino Maestro, che aveva sempre presente il mio voto, ebbe infine pietà di me.

24. Nostro Signore le restituisce le pace

Una volta, che se non erro fu dopo la comunione, Lui volle farmi vedere che era il più bello, il più ricco, il più potente, il più perfetto e il più consono di tutti gli amanti, e si stupiva che, essendogli stata promessa da molti anni, volevo rompere con Lui e prendermene un altro: «Oh! Sappi che, se mi fai questo sgarbo, ti abbandonerò per sempre. Ma se mi resti fedele, non ti abbandonerò mai e sarò l'arma vincente contro tutti i tuoi nemici. Scuso la tua ignoranza, perché tu ancora non mi conosci, ma, se mi resti fedele e mi segui, t'insegnerò a conoscermi e mi manifesterò a te». Dicendomi questo, infuse una grande calma dentro me e la mia anima si trovò pervasa da una pace così grande, che mi decisi a morire piuttosto che sostituirlo. Mi pareva allora che i miei legami si fossero spezzati, che non avessi più nulla da temere, pensando che, seppure la vita religiosa fosse stata un purgatorio, mi sarebbe stato dolce purificare così il resto della mia vita, invece che vedermi precipitare verso l'inferno che tante volte avevo meritato per i miei gravi peccati e per le mie resistenze.

25. Sarà monaca nonostante tutto

Essendomi dunque decisa a farmi monaca, quel divino Sposo della mia anima, per paura che gli sfuggissi ancora, mi chiese di permettergli di impadronirsi e rendersi arbitro della mia libertà, visto che io ero debole. Acconsentii senza difficoltà e da allora in poi s'impadronì talmente della mia libertà, che non ne ho più usufruito per il resto della mia vita. S'insinuò in quel momento così a fondo nel mio cuore, che rinnovai il mio voto, cominciando a capirlo. Gli dissi che, mi fosse pure costato mille vite, non sarei mai stata altro che monaca e lo dichiarai a chiare lettere, pregando che fossero congedati i miei partiti, per quanto vantaggiosi me li presentassero. Mia madre, vedendo ciò, non piangeva più in mia presenza, ma lo faceva continuamente con tutti quelli che gliene parlavano. Costoro non mancavano di venirmi a dire che, se l'avessi abbandonata, sarei stata la causa della sua morte e ne avrei risposto di fronte a Dio, perché lei non aveva nessuno che l'assistesse. Mi dicevano pure che potevo farmi monaca dopo la sua morte. Un fratello che mi amava molto fece ogni sforzo per distogliermi dal mio progetto, offrendomi parte dei suoi beni affinché mi potessi collocare meglio nel mondo. Ma il mio cuore era diventato duro come roccia di fronte a queste cose, anche se poi mi toccò restare ancora per tre anni nel mondo, in mezzo a tutti questi conflitti.

26. Vogliono attrarla verso le Orsoline di Maçon

Mi misero presso uno dei miei zii che aveva una figlia monaca, la quale, sapendo che anch'io volevo diventarlo, fece di tutto per avermi con lei. Ma io non sentivo alcuna inclinazione per le Orsoline e le dicevo: «Vedi, se entro nel vostro convento, sarà solo per amor tuo e invece io voglio andare in un convento dove non ci siano parenti né conoscenti, al fine di essere monaca per il solo amore di Dio». Ma poiché non sapevo quale convento sarebbe stato, né quale regola avrei seguito, visto che non ne conoscevo, pensai di poter cedere alle sue insistenze; tanto più che amavo quella cugina, che si serviva dell'autorità di mio zio, cui non potevo opporre resistenza, dal momento che era il mio tutore. Mi diceva che mi amava come una figlia e che, per questo motivo, voleva tenermi vicina a lui, e non consentì a mio fratello di riprendermi, dicendo che intendeva essere lui ad avere podestà sulla mia persona. Mio fratello, che non aveva ancora accettato che io diventassi monaca, si arrabbiò moltissimo con me, pensando che fossi consenziente e che volessi gettarmi nelle braccia di sant'Orsola nonostante lui e senza il consenso dei miei parenti. Ma ne ero ben lontana; più insistevano per farmi entrare in quel convento e più la cosa mi disgustava. Una voce segreta mi diceva: «Non ti voglio là, ma a Santa Maria»

27. La distolgono dalla Visitazione

Non mi permettevano di visitare le monache di Santa Maria, nonostante vi avessi molte parenti, e me ne dicevano cose che avrebbero allontanato anche caratteri molto determinati. Ma più tentavano di distogliermi e più le amavo e sentivo crescere in me il desiderio di entrare in quel convento a causa del dolce nome di Santa Maria, che mi faceva capire che lì c'era quanto cercavo. Una volta, guardando un quadro del santissimo Francesco di Sales, mi parve che mi volgesse uno sguardo paternamente amoroso, chiamandomi figlia, e così cominciai a considerarlo mio padre. Non osavo riferire nulla di tutto ciò e non sapevo come liberarmi di mia cugina e di tutta la sua comunità, che mi dimostrava un affetto tale, che non sapevo come sottrarmi.

28. Richiamata improvvisamente in famiglia

Proprio quando si stava per aprire la porta del convento, ricevetti la notizia che mio fratello era gravemente malato e mia madre allo stremo. Questo mi costrinse a partire subito per recarmi da lei, senza che fosse possibile impedirmelo, sebbene fossi malata anch'io più di rimpianto che altro, vedendomi forzata a entrare in un convento dove credevo che Dio non mi chiamava. Viaggiai tutta la notte per dieci leghe; non appena arrivata, ripresi la mia dura croce su cui ora non indugerò, avendone già parlato diffusamente. Basti dire che le mie sofferenze raddoppiarono. Mi facevano vedere che mia madre non poteva vivere senza di me, poiché il poco tempo in cui ero rimasta lontana era la causa del suo male, e che avrei risposto a Dio della sua morte. Così mi dicevano certi ecclesiastici e ciò mi causava molto dolore, per via del tenero affetto che provavo per lei e di cui il demonio si serviva per farmi credere che tutto ciò sarebbe stato la causa della mia dannazione eterna.

29. L'immagine sofferente

D'altra parte, il mio divino Maestro insisteva moltissimo perché abbandonassi tutto e lo seguissi, e non mi dava tregua. M'infondeva un gran desiderio di conformarmi alla sua vita sofferente, a tal punto che le mie attuali sofferenze mi parevano nulla, cosa che mi faceva raddoppiare le penitenze. Qualche volta, gettandomi ai piedi del crocifisso, gli dicevo: «Mio caro Salvatore, come sarei felice se imprimeste in me la vostra immagine sofferente!». E Lui mi rispondeva: «È ciò che voglio, purché tu non mi opponga resistenza e vi contribuisca». Per donargli qualche goccia del mio sangue, mi legavo le dita e vi piantavo degli aghi; in quaresima ogni giorno usavo la disciplina il più possibile per onorare i colpi di frusta della sua flagellazione. Ma per quanto a lungo mi battessi con la disciplina, non avevo abbastanza sangue da offrire al mio buon Maestro in cambio di quello che Lui aveva versato per mio amore. Poiché era sulla schiena che mi battevo, ci mettevo sempre un po' di tempo. Nei tre giorni di Carnevale avrei voluto farmi a pezzi, per riparare agli oltraggi che i peccatori facevano alla sua divina Maestà. Digiunavo più che potevo, vivendo di pane e acqua, e davo ai poveri quello che ricevevo per nutrirmi.

30. Ardore per la santa Comunione

La mia maggiore gioia nell'allontanarmi dal mondo era pensare che avrei potuto comunicarmi spesso, mentre allora potevo farlo raramente, e mi sarei ritenuta la creatura più felice se solo avessi potuto farlo spesso e passare notti intere, da sola, davanti al santo Sacramento. Lì mi sentivo così sicura che, pur essendo estremamente paurosa, me ne scordavo non appena mettevo piede nel luogo delle mie delizie più dolci. E la vigilia della comunione, per la grandezza del gesto che stavo per compiere, cadevo in un silenzio talmente profondo che non riuscivo a parlare se non facendomi violenza. E dopo che mi ero comunicata, non avrei voluto bere, mangiare, vedere né parlare, tanto erano grandi la pace e la consolazione che sentivo. Finché mi era possibile mi nascondevo, per apprendere ad amare il mio sovrano Bene, che m'invitava a ricambiare il suo amore. Credevo che non avrei potuto amarlo, qualunque cosa facessi, se prima non avessi imparato l'orazione. Tutto quanto sapevo era lui ad avermelo insegnato e consisteva nell'abbandonarmi a tutte le sue sante emozioni quando potevo rinchiudermi con Lui in qualche luogo discosto. Ma mi lasciavano assai poco tempo libero, perché dovevo lavorare tutto il giorno con i domestici e, la sera, si scopriva che non avevo fatto nulla che potesse contentare le persone presso cui mi trovavo. Mi urlavano contro in tal modo che non avevo coraggio di mangiare, e mi ritiravo dove potevo godermi qualche attimo di pace, di cui avevo un gran desiderio. Mi lamentavo di continuo col mio divino Maestro, perché temevo di non poterlo compiacere in tutto ciò che facevo, tanto più che c'era una buona dose di volontà che trasformava in scelte le mie mortificazioni, mentre consideravo di valore solo quanto veniva fatto per obbedienza. «Ahimè, mio Signore», gli dicevo, «datemi qualcuno che mi conduca a Voi». «Non ti basto io?» mi rispose. «Cosa temi? Un figlio amato quanto io amo te, potrebbe mai perire tra le braccia di un Padre onnipotente?».

31. Confessione a un francescano durante il giubileo

Non sapevo cosa voleva dire aver una guida; tuttavia, avevo un gran desiderio di obbedire e la sua bontà permise che, durante un giubileo,7 venisse a casa un francescano, che vi rimase a dormire, così permettendoci di fare le nostre confessioni generali. Era da più di quindici giorni che scrivevo la mia, perché, nonostante mi confessassi non appena ne avevo l'occasione, mi pareva sempre troppo poco, a causa dei miei gravi peccati che mi producevano un dolore così grande, che non solo ne versavo molte lacrime, ma avrei pure voluto con tutto il mio cuore, nell'eccesso del dolore, rivelarli a tutti. I miei più grandi gemiti derivavano dal fatto che ero così cieca, da non riuscire a riconoscerli né a raccontarli tanto erano enormi. Per questo scrissi tutto ciò che riuscii a trovare nei libri che trattano della confessione, e mi accadde di scrivere cose che avevo addirittura orrore di pronunciare. Ma mi dicevo: «Forse l'ho commesso e lo ignoro o non me ne ricordo, ma è giusto che provi la vergogna di dirlo per soddisfare la giustizia divina». È pur vero che, se avessi commesso la maggior parte delle cose di cui mi accusavo, sarei stata inconsolabile e lo sarei stata a maggior ragione per queste confessioni, se il mio divino Maestro non mi avesse assicurato che avrebbe perdonato tutto a una volontà priva di malizia. Feci dunque questa confessione e il padre mi fece saltare molti fogli senza consentirmi di leggerli. Lo pregai di lasciar soddisfare la mia coscienza, perché ero una peccatrice più grande di quanto lui pensasse. Questa confessione mi lasciò una grande pace. Gli raccontai qualcosa del modo in cui vivevo e lui mi diede molti buoni consigli. Non osavo, però, dirgli tutto, perché credevo fosse una grande vanità, cosa che temevo molto essendovi assai portato il mio carattere. Pensavo che facevo ogni cosa per quell'unico motivo, non sapendo affatto discernere il sentimento dall'acquiescenza. Questo mi faceva soffrire molto, perché temevo il peccato in quanto allontanava Dio dalla mia anima. Il buon francescano mi promise certi strumenti di penitenza e gli raccontai che mio fratello mi costringeva a rimanere nel mondo, anche se da quattro o cinque anni desideravo farmi monaca. Lui ebbe gran scrupolo di accertarsene e mi domandò se avessi sempre avuto quel progetto e, avendogli io detto che sarei morta piuttosto che cambiare, mi promise di far si che venissi soddisfatta.

32. Interventi per metterla presso le Orsoline

Così, quel francescano andò a negoziare la mia dote presso quella cugina che non cessava di starmi dietro. Mia madre e i miei parenti volevano che entrassi in quel convento e io non sapevo più come difendermi. Ma mentre lui ci andava, mi rivolsi alla santissima Vergine, mia buona maestra, con l'intercessione di san Giacinto, cui rivolsi molte preghiere e feci dire molte messe in onore della mia santa Madre, la quale mi disse amorevolmente consolandomi. «Non temere nulla, tu sarai la mia vera figlia e sarò sempre la tua buona Madre». Queste parole mi calmarono e non mi lasciarono alcun dubbio sul fatto che ogni cosa si sarebbe aggiustata, nonostante tutte le opposizioni. Mio fratello, di ritorno dal convento, mi disse: «Vogliono quattromila lire. Spetta a te disporre del tuo patrimonio come piu ti aggrada, perché non è ancora stato fissato nulla».

33. Andrà alla Visitazione. Paray l'attrae subito

Io gli risposi risolutamente: «Non se ne farà mai nulla. Voglio andare dalle monache di Santa Maria, in un convento lontano, dove non ci siano parenti né conoscenti; voglio essere monaca solo per amore di Dio. Voglio lasciare il mondo completamente e andare a nascondermi in un luogo lontano, per dimenticarlo ed esserne dimenticata e non vederlo mai più». Mi vennero proposti molti conventi tra cui scegliere, ma, non appena mi nominarono Paray, il mio cuore si riempì di gioia e vi acconsentì subito. Tuttavia, dovetti recarmi ancora a trovare quelle monache che mi avevano ospitata quando avevo Otto anni e ciò mi costò una battaglia difficile da sostenere. Quelle monache mi accolsero dicendo che ero figlia loro e domandandomi come mai volevo abbandonarle, visto che mi amavano così teneramente. Mi dissero che non volevano vedermi a Santa Maria, sapendo bene che lì non sarei riuscita a resistere. Risposi che volevo provare e mi fecero promettere che sarei ritornata da loro qualora avessi cambiato idea. Sapevano bene, così dicevano, che mai avrei potuto abituarmi. E, nonostante tutto quanto potevano dirmi, il mio cuore restava insensibile e si confermava nella sua decisione, ripetendo sempre: «Bisogna morire o vincere».

34. L'amata Paray. «È qui che ti voglio»

Tralascio tutti gli altri conflitti che ho dovuto sostenere, per mettermi a parlare del luogo della mia felicità, l'amata Paray, dove, non appena entrai in parlatorio, mi furono interiormente dette queste parole: «È qui che ti voglio». Dopodiché dissi a mio fratello che bisognava mettersi d'accordo, visto che non sarei andata in un altro posto. Ciò lo sorprese alquanto, avendomi condotta lì solo per farmi conoscere le monache di Santa Maria e senza che io avessi precedentemente mostrato desiderio di voler diventare una di loro. Ma, adesso, non volli venir via finché ogni cosa non fu definita. In seguito mi parve di aver preso una nuova strada, tanto intensamente mi sentivo felice e in pace. A rendermi così felice era il fatto che chi non sapeva quanto stava accadendo, diceva: «Guardala, ha proprio i modi di una monaca». In effetti, mi vestito con più vanità di quanto avessi mai fatto e del pari mi divertivo, per la gran gioia che sentivo di appartenere tutta al mio sovrano Bene, il quale, mentre scrivo, mi rivolge spesso questo amorevole rimprovero: «Guarda, figlia mia, non potrai mai trovare un padre così amoroso col suo unico figlio, che si sia preso tanta cura di lui e cui abbia dato tante e così tenere testimonianze d'amore come quelle che io ti ho dato e che ti darò del mio amore, che ha usato tanta pazienza e cura nel coltivarti e nell'adattarti a modo mio fin dalla più tenera età, aspettandoti dolcemente, senza mai rifiutarmi, nonostante tutte le tue resistenze. Ricordati che, se mai tu dimenticassi la riconoscenza nei miei confronti e non mi attribuissi la gloria di ogni cosa, questo sarebbe il mezzo per far inaridire questa fonte inesauribile di ogni bene».

35. Dice addio al mondo ed entra in convento

Quando finalmente giunse il giorno di dire addio al mondo, sentii nel mio cuore una gioia e una fermezza mai provate prima e il mio cuore era come insensibile sia all'affetto sia al dolore che mi venivano testimoniati, soprattutto da mia madre. Non versai neanche una lacrima lasciandoli, perché mi sembrava di essere una schiava che viene liberata dalla sua prigione e dalle sue catene, per entrare nella casa del suo Sposo, prenderne possesso e godere in tutta libertà della sua presenza, dei suoi beni e del suo amore. Era questo che Lui diceva al mio cuore, che era fuori di sé. Non sapevo dare altra spiegazione alla mia vocazione per l'ordine di Santa Maria, se non quella che volevo essere figlia della santa Vergine. Confesso che nel momento in cui entrai, era un sabato, tutti i dolori che avevo patito e molti altri mi assalirono così violentemente, che mi pareva che, entrando in convento, il mio spirito si separasse dal mio corpo. Ma subito mi fu mostrato che il Signore aveva rotto il sacco della mia prigionia e che mi rivestiva del suo manto di letizia. La gioia mi dominava a tal punto, che gridavo: «È qui che Dio mi vuole». Sentii subito scolpito nel mio spirito che questa casa di Dio era un luogo santo, che tutte quelle che l'abitavano dovevano essere sante e che questo nome di Santa Maria significava che dovevo rimanere lì a qualunque prezzo, abbandonandomi e rinunciando a tutto, senza riserve o restrizioni. A raddolcirmi tutto quanto mi sembrava più amaro in questo inizio, era il fatto che per alcuni giorni fui svegliata al mattino da parole che udivo perfettamente, anche se non le capivo: Dilexisti iustitiam col resto del versetto; e altre volte: Audi filia et vide, eccetera. E ancora: «Hai riconosciuto il tuo sentiero e la tua strada, o mia Gerusalemme, casa d'Israele! E il Signore ti guiderà lungo tutte le strade e non ti abbandonerà mai». Dicevo tutto questo alla mia buona maestra senza capirlo. Guardavo lei e la superiora come se fossero state il mio Gesù Cristo in terra.

36. La tela in attesa del pittore

Poiché non avevo mai avuto una guida né una direzione e ignoravo cosa fosse, ero più che mai disposta ad assoggettarmi al fine di poter obbedire. Mi sembrava un oracolo tutto quanto mi veniva detto e pensavo che non avrei più avuto nulla da temere, ora che facevo ogni cosa per obbedienza. Quando pregai la maestra delle novizie di insegnarmi l'orazione, di cui la mia anima era molto desiderosa, lei si rifiutò di credere che, essendo entrata in religione all'età di ventitré anni, non sapessi ancora farla. Dopo che glielo ebbi assicurato, mi disse per la prima volta: «Va' a metterti di fronte al Signore come una tela in attesa del pittore». Avrei voluto che mi spiegasse cosa intendeva dire, perché non capivo, anche se non osavo dirglielo, ma mi fu detto: «Vieni, te lo insegnerò io». E non appena fui in preghiera, il mio sovrano Maestro mi mostrò che la mia anima era una tela in attesa, sulla quale Lui voleva dipingere tutti i tratti della sua vita dolorosa, spesa interamente nell'amore e nella privazione, nella separazione, nel silenzio e nel sacrificio, nella sua consumazione. Vi avrebbe dipinto tutto questo, dopo averla pulita di tutte le macchie che vi restavano, sia dell'attrazione per le cose terrene sia dell'amore per me stessa e per gli uomini, cui il mio carattere tendeva ancora molto.

37. Troppo ardore per la penitenza. È ricondotta all'obbedienza da san Francesco di Sales

In quel momento Lui mi spogliò di tutto e, dopo aver vuotato il mio cuore e messo la mia anima a nudo, accese un desiderio così ardente di amare e soffrire, che non mi dava mai tregua. M'inseguiva così da vicino, che trovavo pace solo pensando a come poterlo amare crocifiggendomi; la sua bontà è sempre stata così grande nei miei confronti, che mi ha sempre fornito i mezzi per farlo. Sebbene non nascondessi nulla alla mia maestra, avevo tuttavia il progetto di intensificare oltre le sue intenzioni il permesso di fare penitenza. Mi accingevo ad attuare il mio progetto, ma il mio santo Fondatore non mi permise di proseguire e mi riprese così fortemente, che mai più ebbi il coraggio di riprovare. Le sue parole sono rimaste incise per sempre nel mio cuore: «Ma come puoi pensare, figlia mia, di far piacere a Dio, superando i limiti dell'obbedienza? Questa, e non l'austerità, è il pilastro principale e il fondamento della congregazione».

38. Vestizione

Avevo superato la mia prova con un gran desiderio di vedermi interamente consacrata a Dio, il quale mi fece la misericordia di badare continuamente a me, per farmi ottenere questa felicità. Rivestita dunque del nostro santo abito, il mio divino Maestro mi fece vedere che era il tempo del nostro fidanzamento e che questo gli conferiva un nuovo potere su di me, dal momento che m'impegnavo ad amarlo esclusivamente.

Poi mi fece capire che, come tutti gli amanti più appassionati, mi avrebbe fatto gustare durante questo periodo quanto c'era di più dolce nella soavità delle carezze del suo amore. Queste furono in effetti così eccessive, che spesso mi lasciavano fuori di me e mi rendevano incapace di agire. Mi ritrovavo, allora, in un abisso di confusione così profondo, che non osavo farmi vedere. Ne venivo rimproverata e mi si faceva intendere che non era questo lo spirito delle figlie di Santa Maria, la quale non vuole nulla di straordinario, e che, se non abbandonavo tutto ciò, non mi avrebbero accettata.

39. Cercano di farle seguire il sentiero comune

Tutto questo mi causò una gran desolazione e feci ogni sforzo, senza mai risparmiarmi, pur di allontanarmi da quel sentiero, anche se tutti i miei sforzi si rivelarono inutili. La nostra buona maestra vi si adoperava pure lei, senza che io lo notassi. Mi vedeva molto desiderosa di fare l'orazione e di imparare a farla, ma io non ci riuscivo secondo le regole che mi venivano date, perché mi rifacevo sempre alla regola datami dal mio divino Maestro, nonostante tutti gli sforzi per dimenticarmene e allontanarmi da Lui. Allora, la maestra mi affidò come ausiliaria a una ufficiale. Questa mi faceva lavorare durante l'orazione e, quando andavo a chiedere alla mia maestra di poter riprendere a pregare, mi rimproverava aspramente, dicendomi di farlo mentre lavoravo, fra un esercizio e l'altro del noviziato. Così io facevo, senza che ciò potesse distrarmi dalla dolce gioia e consolazione della mia anima; anzi, la sentivo aumentare sempre di più. Mi venne ordinato di andar ad ascoltare i punti dell'orazione al mattino, dopodiché dovevo spazzare là dove mi veniva indicato, fino all'ora di Prima, quando dovevo render conto della mia orazione o, piuttosto, di quella che il mio sovrano Maestro faceva in me e per me, perché non avevo altra possibilità in tutto ciò se non di obbedire. Ne provavo un piacere estremo, nonostante tutte le pene che il mio corpo, così facendo, pativa. E in seguito cantavo: «Più contraddicono il mio amore e più quest'unico bene m'infiamma. Mi tormentino pure notte e giorno, ma non me lo si può toglier dal cuore. Più sentirò dolore e più mi unirà al suo Cuore».

40. Avidità di umiliazioni e mortificazioni

Sentivo una fame insaziabile di umiliazioni e mortificazioni, anche se per natura mi ripugnavano vivamente. Il mio divino Maestro m'incitava senza sosta a chiederne e io finivo per trovarne alcune assai particolari. Infatti, sebbene mi rifiutassero quelle che cercavo, ritenendomi indegna di farle, me ne assegnavano altre che non mi sarei aspettata e che erano così contrarie alle mie inclinazioni, che ero costretta a dire al mio buon Maestro, nello sforzo violento che dovevo fare: «Ahimè! Soccorretemi, visto che ne siete la causa». E Lui lo faceva, dicendomi: «Devi ammettere che non puoi fare nulla senza di me, ma non ti farò mancare il mio aiuto, purché il tuo nulla e la tua debolezza sprofondino davanti alla mia forza».

41. Lotta eroica contro una ripugnanza naturale

Racconterò solo una di queste occasioni di mortificazione superiori alle mie forze, attraverso cui mi fece provare davvero l'efficacia delle sue promesse. Si tratta di una cosa per la quale tutta la nostra famiglia provava una grande avversione naturale, al punto che mio fratello aveva ottenuto, nel contratto che regolava la mia entrata in convento, che non sarei mai stata costretta su questo punto. La cosa era stata concessa, essendo di per sé insignificante, ma dovetti adattarmi a farla, perché su ciò fui attaccata con tale veemenza, che non sapevo più cosa fare. Mi pareva mille volte più facile sacrificare la mia vita e, se non avessi amato la mia vocazione più della mia vita, l'avrei sacrificata piuttosto che costringermi a fare ciò che volevano farmi fare. Invano opponevo resistenza, perché il mio Sovrano voleva questo sacrificio, da cui dipendevano tanti altri. Rimasi tre giorni a combattere con tanta violenza, che facevo compassione, soprattutto alla mia maestra, davanti alla quale mi sentivo in dovere di fare quanto lei chiedeva, ma il coraggio mi mancava e morivo di dolore perché non riuscivo a piegare il mio carattere, e le dicevo: «Mi tolga la vita piuttosto che farmi venir meno al voto di obbedienza!». E lei: «Vattene», mi disse, «non sei degna di praticarla e ora ti proibisco di fare ciò che ti avevo ordinato». Questo mi parve troppo. Dissi subito: «Bisogna morire o vincere». Andai davanti al santissimo Sacramento, mio solito rifugio, dove rimasi per tre o quattro ore a piangere e a gemere, nella speranza di trovare la forza di vincermi: «Ahimè! Mio Dio, mi avete dunque abbandonata? Come, c'è ancora qualcosa nel mio sacrificio che deve essere consumato fino al completo olocausto?». Ma il mio Signore voleva spingere all'estremo la fedeltà del mio amore verso di Lui, come mi ha mostrato in seguito, e godeva nel vedere la sua indegna schiava esitare fra l'amore divino e le ripugnanze naturali. E alla fine fu Lui a vincere, perché, senza altra consolazione né armi che queste parole: «L'amore non deve avere riserve», andai a gettarmi alle ginocchia della mia maestra, chiedendole la misericordia di consentirmi di fare ciò che aveva voluto che facessi. Lo feci, sebbene mai abbia provato tanta ripugnanza. È una ripugnanza che ho provato ogni volta che mi è toccato rifarlo, ma non ho mai smesso di continuare a farlo per quasi otto anni.

42. Questo sacrificio le procura un nuovo torrente di grazie

Fu dopo questo primo sacrificio che tutte le grazie e i favori del mio Sovrano raddoppiarono e inondarono la mia anima, a tal punto che ero come costretta a dire spesso: «Interrompete, o mio Dio, questo torrente che mi travolge, oppure aumentate la mia capacità di riceverlo!». E qui tralascio tutte quelle predilezioni e profusioni del suo puro amore, così grandi che non saprei come esprimerle.

43. Si nutrono timori sulla sua vocazione. Nostro Signore si offre come suo garante

Questo mi provocò altri attacchi, mentre stavo per fare la mia professione di fede. Mi dicevano che si vedeva bene che non ero adatta a vivere secondo lo spirito della Visitazione, che teme questi sentieri soggetti all'inganno e all'illusione. Lo riferì subito al mio Signore, lamentandomene: «Ahimè! Mio Signore, sarà dunque a causa vostra che sarò respinta?». A ciò mi fu risposto: «Di' alla tua superiora che non ha nulla da temere accettandoti, che io rispondo per te e che, se mi crede solvente, sarò io la tua cauzione». Avendole riferito ciò, lei mi ordinò di chiedergli, per essere sicura, che mi rendesse utile alla santa religione con la pratica corretta di ogni osservanza. A questo, la sua amorevole bontà mi rispose: «Bene! Figlia mia, te lo concedo e ti renderò più utile alla religione di quanto lei può pensare, ma in un modo che solo io conosco. D'ora innanzi adatterò le mie grazie allo spirito della tua regola, alla volontà delle tue superiore e alla tua debolezza, sino a farti considerare sospetto tutto quanto ti allontanerà dalla pratica corretta della tua regola, che mi pare tu preferisca a tutto il resto. Inoltre, sarò lieto se preferirai la volontà delle tue superiore alla mia, quando t'impediranno di fare quel che io ti avrò ordinato. Lascia che facciano quel che vogliono di te.

Io saprò trovare il modo di realizzare i miei disegni, anche con mezzi che ti sembrano opposti e contrari. E mi riservo solo la direzione del tuo intimo e, in particolare, del tuo cuore, che io non cederò mai ad altri avendovi fissato la sede del mio amore». La nostra madre superiora e la nostra maestra rimasero contente di tutto questo e gli effetti si manifestarono con tale evidenza, che non poterono più dubitare che quelle parole provenissero dalla Verità. Infatti, non sentivo alcun turbamento in me e mi dedicai interamente a obbedire, qualunque pena dovessi patire per farlo. La stima e il compiacimento erano per me un supplizio insopportabile e li consideravo un giusto castigo per i miei peccati, che mi parevano così grandi, che tutti i tormenti immaginabili mi sarebbero stati dolci da soffrire pur di espiarli e soddisfare la giustizia divina.

44. Prende i voti

Essendo dunque pervenuta al bene tanto desiderato della sacra professione, quel giorno il mio divino Maestro volle ricevermi in sposa in un modo che mi sento incapace di esprimere. Dirò solo che mi preparò e mi trattò come una sposa del Tabor. La cosa era per me più dura della morte, perché non mi vedevo affatto conforme al mio sposo, che immaginavo tutto sfigurato e straziato sul Calvario. Ma mi fu detto: «Lasciami fare ogni cosa a suo tempo, perché voglio che tu sia ora il gingillo del mio amore, che vuole giocare con te a suo piacimento, come fanno i bambini con i giocattoli. È necessario che ti abbandoni, cieca e senza resistenza, lasciandomi divertire a tue spese, e tu non ci perderai». Mi promise di non lasciarmi più, dicendomi: «Sii sempre pronta a ricevermi, perché ormai voglio abitare in te per poter conversare e intrattenermi con te».

45. Gratificata dalla misteriosa presenza del suo divino Maestro

D'allora innanzi mi gratificò con la sua presenza divina, in un modo che mai prima avevo sperimentato; mai prima avevo ricevuto una grazia così grande, che in seguito ha sempre manifestato i suoi effetti su di me. Lo vedevo, lo sentivo vicino a me, lo sentivo molto meglio che se fosse stato tramite i sensi del corpo, i quali mi avrebbero potuto distrarre e allontanare. Invece, a tutto ciò non potevo frapporre barriere, non essendovi alcuna mia partecipazione. Questo determinò in me un forte annientamento e mi sentii subito come caduta e annichilita nell'abisso del mio nulla, da cui non sono più uscita, per rispetto e omaggio a questa infinita grandezza, al cospetto della quale avrei voluto stare sempre con la faccia rivolta verso la terra o in ginocchio. Così ho poi fatto, nella misura in cui il lavoro e la mia debolezza me l'hanno consentito. Perché non mi concedeva requie se non ero in una posizione rispettosa, e io osavo sedermi solo quando ero in presenza di qualcuno, a causa della mia indegnità di cui mi ha sempre mostrato la grandezza, al punto che non osavo comparire in pubblico se non con grande turbamento. Desideravo che si conservasse ricordo di me solo per disprezzarmi, umiliarmi e ingiuriarmi, perché null'altro mi è dovuto. Questo unico amore della mia anima traeva molto piacere dal fatto che venissi trattata così e, malgrado la sensibilità del mio carattere orgoglioso, non mi concedeva altra soddisfazione, allorché ero con altri, che quella di mettermi in condizione di essere contraddetta, umiliata, disprezzata, e voleva che tutto questo fosse il mio cibo delizioso, che mai mi ha fatto mancare e che per Lui non era mai abbastanza. Anzi, faceva Lui stesso ciò che altre creature o io per prima mancavamo di fare. Ma, mio Dio, più intensamente sentivo il gusto di questo cibo quando eravate Voi a intervenire, e sarebbe troppo lungo da raccontare.

46. Le due santità dell'amore e della giustizia

Mi onorava con i suoi incontri talvolta come un amico, talaltra come lo sposo più appassionato o come un padre tutto preso d'amore per il suo unico figlio e in mille altri modi, di cui non racconterò gli effetti che producevano in me. Dirò solo che mi mostrò in Lui le due santità: una di amore e l'altra di giustizia, entrambe altissime, che sarebbero state esercitate continuamente su di me. La prima mi avrebbe fatto soffrire una specie di purgatorio molto doloroso, per confortare le anime sante che vi erano prigioniere e alle quali Lui avrebbe permesso di rivolgersi a me. E quanto alla sua santità di giustizia, così terribile e spaventosa per i peccatori, mi avrebbe fatto sentire il peso del suo giusto rigore, facendomi soffrire per i peccati e «in particolare per le anime che mi sono consacrate, per le quali ti farò vedere e sentire in seguito cosa dovrai patire per amore mio».

47. Si sforza di ritrarsi dal percorso straordinario e se ne lamenta con Nostro Signore

Dio mio, Voi che conoscete la mia ignoranza e la mia incapacità nell'esprimere tutto quanto è accaduto tra la vostra sovrana Maestà e la vostra infima e indegna schiava, per l'effetto sempre operante del vostro amore e della vostra grazia, datemi il modo di poter dire qualche piccola cosa di ciò che è più intelligibile e sensibile, affinché io possa mostrare fino a quale eccesso di liberalità è giunto il vostro amore nei confronti di un oggetto così miserabile e indegno. Non nascondevo nulla alla mia superiora e alla maestra, sebbene spesso non comprendessi io stessa ciò che dicevo loro; e poiché loro mi fecero capire che questi percorsi straordinari non erano consoni alle figlie di Santa Maria, provai un forte dolore e, di conseguenza, non c'è sforzo che non abbia fatto per ritrarmi da quel percorso. Ma invano, perché quello Spirito aveva già preso un tale possesso del mio spirito, che non potevo più disporne, come di ogni altra mia potenza interiore, che sentivo tutta assorbita in Lui. Facevo ogni sforzo per applicarmi a seguire il metodo d'orazione che mi veniva insegnato con le altre pratiche, ma nel mio spirito non rimaneva nulla. Potevo anche leggere i miei punti d'orazione: tutto svaniva e riuscivo ad apprendere e a ricordare solo ciò che il mio divino Maestro m'insegnava, cosa che mi ha fatto soffrire molto. Perché le mie superiore facevano di tutto per distruggere le sue azioni in me e mi ordinavano di fare altrettanto. Combattevo contro di Lui per quanto potevo, seguendo esattamente tutto ciò che l'obbedienza mi ordinava per allontanarmi dalla sua potenza, che rendeva la mia inutile. Mi lamentavo con Lui: «Cosa!» gli dicevo. «O mio sovrano Maestro! Perché non mi lasciate sul sentiero comune delle figlie di Santa Maria? Mi avete condotta nella vostra santa casa al fine di perdermi? Concedete quelle grazie straordinarie ad anime scelte, che vi corrisponderanno meglio e vi glorificheranno più di me, che, invece, vi oppongo solo resistenza. Io non desidero altro che il vostro amore e la vostra croce e questo mi basta per essere una buona monaca, che è tutto quanto desidero». Mi fu risposto: «Combattiamo, figlia mia, ne sono contento, e vedremo chi vincerà, il Creatore o la sua creatura, la forza o la debolezza, l'onnipotente o l'impotente. Ma chi vincerà, sarà vincitore per sempre». Questo mi gettò in un'estrema confusione, durante la quale Lui mi disse: «Sappi che non mi sento affatto offeso da tutti questi conflitti e dinieghi che mi opponi in nome dell'obbedienza, per la quale io ho dato la mia vita. Ma voglio insegnarti che sono il padrone assoluto dei miei doni e delle mie creature, e che nulla potrà impedirmi di portare a compimento i miei disegni. Ecco perché voglio non solo che tu faccia ciò che le tue superiore ti diranno, ma pure che tu non faccia nulla di ciò che ti ordino senza il loro consenso. Io amo l'obbedienza e, senza di questa, non mi si può piacere». Questo piacque alla mia superiora, che mi disse di abbandonarmi alla sua potenza, cosa che feci sentendo subito grande gioia e pace nella mia anima, la quale pativa una crudele tirannia.

48. Nostro Signore le chiede un nuovo abbandono di se stessa

Lui mi chiese, dopo la santa comunione, di rinnovargli il sacrificio della mia libertà e di tutto il mio essere, cosa che feci con tutto il cuore. «A patto», gli dissi, «o mio sovrano Maestro, che Voi non facciate mai apparire in me nulla di straordinario, tranne ciò che più possa causarmi umiliazione e abiezione di fronte agli uomini e distruggermi nella loro stima. Ahimè, mio Dio, sento la mia debolezza e temo di tradirvi e di non sapere far si che i vostri doni siano al sicuro con me». «Non temere nulla, figlia mia», mi disse, «vi metterò ordine io e ne sarò il guardiano, rendendoti incapace di oppormi resistenza». «Come! Mio Dio, mi lascerete vivere senza più soffrire?». Mi fu subito mostrata una grande croce, di cui non potevo vedere la fine, ed era tutta coperta di fiori.

49. I fiori e le spine della croce. Tre desideri imperiosi

«Ecco il letto delle mie caste spose, dove ti farò consumare le delizie del mio puro amore. A poco a poco questi fiori cadranno e ti rimarranno solo le spine, ora nascoste per via della tua debolezza. Queste ti faranno sentire così acutamente le loro trafitture, che avrai bisogno di tutta la forza del mio amore per sopportarne il dolore». Queste parole mi rallegrarono molto, perché pensavo che non avrei mai avuto abbastanza dolori, umiliazioni e disprezzo capaci di soddisfare l'ardente sete che ne avevo, e che non avrei potuto provare una sofferenza peggiore di quella che provavo perché non soffrivo a sufficienza, dal momento che il suo amore non mi lasciava requie né di giorno né di notte. Queste dolcezze mi affliggevano. Volevo la croce tutta pura e avrei voluto vedere il mio corpo sempre provato dalle austerità o dalle fatiche, cui mi applicavo per quanto le mie forze potevano sopportare. Infatti, non mi era possibile vivere un solo momento senza sofferenza e più soffrivo e più accontentavo questa santità d'amore che aveva acceso tre desideri nel mio cuore, i quali mi tormentavano senza tregua: il primo era di soffrire, il secondo di amarlo e comunicarmi e il terzo di morire per unirmi a lui.

50. Si occupa dell'asina e dell'asinello durante il ritiro della sua professione e riceve la grazia di un amore ardente per la croce

Da quando il mio sovrano Maestro mi accompagnava ovunque, non mi preoccupavo più del tempo né del luogo. Ero indifferente a ogni disposizione che veniva presa nei miei confronti, perché ero sicurissima che, essendosi Lui concesso a me senza che l'avessi meritato, ma solo per la sua pura bontà, non avrebbero potuto togliermelo. Lo sperimentai durante il ritiro della mia professione, quando mi mandarono nell'orto a badare a un'asina e al suo asinello. L'asina mi dava non poco lavoro, perché non mi era permesso di legarla e volevano che la tenessi nell'angolo che mi era stato indicato, per paura che facesse danni, di modo che ero sempre lì a correre. Non avevo tregua sino all'Angelus della sera, quando andavo a cena; poi durante una parte del Mattutino ritornavo nella stalla per farli mangiare. Ero contenta di questa occupazione e non mi avrebbe dato fastidio neppure se fosse durata tutta la vita. Il mio Sovrano mi teneva una compagnia così fedele, che tutte quelle corse che dovevo fare non mi allontanavano da Lui. Fu lì che ricevetti grazie così grandi, che mai ne avevo sperate di simili, soprattutto quella che mi fece conoscere sul mistero della sua santa morte e passione. È un abisso impossibile da descrivere e la lunghezza dell'eventuale racconto me lo fa evitare, ma mi ha ispirato un tale amore per la Croce, che non posso vivere un solo momento senza soffrire: soffrire in silenzio, senza consolazione, sollievo o compassione, e morire con quel Sovrano della mia anima, schiacciata sotto la croce di ogni sorta di obbrobri, umiliazioni, dimenticanze e disprezzo. Queste cose sono durate per tutta la mia vita, la quale, grazie alla sua misericordia, è interamente trascorsa in questi esercizi, che sono quelli dell'amore puro. Lui ha sempre badato a fornirmi in abbondanza questo nutrimento, che gli è tanto gradito, senza mai dire basta.

51. Esigenze della santità di Dio

Il mio divino Maestro m'impartì una volta questa lezione: «Sappi», mi disse in merito a una colpa che avevo commesso, «che sono un Maestro santo che insegna la santità. Sono puro e non posso sopportare la minima macchia. Per questo bisogna che tu agisca in mia presenza con semplicità di cuore e con intenzione retta e pura. Perché non tollero il minimo inganno e ti farò conoscere che l'eccesso del mio amore mi ha indotto a rendermi tuo Maestro, affinché tu ti modelli a modo mio e secondo i miei disegni. Io non posso sopportare le anime tiepide e pigre e, se sono dolce nel sopportare le tue debolezze, non sarò per questo meno severo e puntuale nel correggere e punire le tue infedeltà». E questo è quanto mi ha dimostrato per tutta la vita. Posso dire che non mi lasciava passare la minima colpa, dovuta a poca volontà o a negligenza, senza che mi punisse e mi rimproverasse, ancorché sempre nella sua misericordia e infinita bontà. Devo confessare che nulla mi era più doloroso e terribile che vederlo anche solo un po' arrabbiato con me. Tutti gli altri dolori, castighi e mortificazioni non erano nulla al confronto. Così chiedevo prontamente la penitenza per le mie colpe e Lui si accontentava di quelle che l'obbedienza mi imponeva.

52. Lui respinge le opere della volontà

Ciò che Lui biasimava con più severità era la mancanza di rispetto e di attenzione verso il santissimo Sacramento, soprattutto nel momento dell'ufficio e dell'orazione, le mancanze di rettitudine e purezza nelle intenzioni, e la curiosità vana. Sebbene i suoi occhi puri e chiaroveggenti scoprano anche le minime mancanze di carità e umiltà per biasimarle severamente, nulla è paragonabile alla mancata obbedienza, nei confronti sia dei superiori sia delle regole. La minima risposta che manifesti ripugnanza per i superiori gli è intollerabile in un anima religiosa. «T'inganni», mi diceva, «se pensi di potermi piacere con questo genere di azioni e mortificazioni scelte dalla tua volontà, fatte più per piegare che per assecondare la volontà dei tuoi superiori. Sappi che respingo tutto ciò come il frutto corrotto dalla volontà individuale, di cui ho orrore in un'anima religiosa. Preferirei che godesse di tutti gli agi per obbedienza, piuttosto che si sfiancasse a forza di penitenze e digiuni voluti dalla sua volontà». Quando mi capita di fare questo tipo di penitenze e di mortificazioni per mia scelta e senza ordine suo o della superiora, non mi consente nemmeno di offrirgliele e mi corregge imponendomi una penitenza come per le mie altre colpe. Ognuna di queste trova la sua particolare pena nel purgatorio, lì dove mi purifica per rendermi meno indegna della sua divina presenza, comunicazione e intervento, perché Lui faceva tutto in me. E una volta, finita un'Ave maris stella di disciplina, che mi era stata assegnata, mi disse: «Ecco la mia parte». E poiché io continuavo, aggiunse: «Ecco, ora è quella del demonio». A tali parole smisi immediatamente. Un'altra volta, in cui facevo la disciplina per le sante anime del purgatorio e volevo farne più di quanto me ne avessero consentito, le anime mi circondarono, lamentandosi per come le battevo. Tutto ciò mi convinse a morire piuttosto che superare di tanto o di poco i limiti dell'obbedienza. In seguito, Lui mi assegnava una penitenza, ma io non ci trovavo nulla di difficile, perché a quel tempo le mie pene e le mie sofferenze erano immerse nella dolcezza del suo amore. Spesso gli chiedevo di allontanarlo da me, per lasciarmi gustare con piacere le amarezze delle sue angosce, dei suoi abbandoni, delle sue agonie, dei suoi obbrobri e degli altri suoi tormenti. Ma Lui mi rispondeva che dovevo sottopormi indifferentemente a tutte le sue diverse disposizioni e non mettermi a imporre regole a Lui. «Ti farò capire in seguito che sono un direttore saggio e sapiente, il quale sa guidare le anime senza pericolo, quando queste si abbandonano a me dimenticando se stesse».

53. Si riposa sul petto di Nostro Signore, che per la prima volta le mostra il suo cuore infiammando quello di lei

Una volta, davanti al santo Sacramento, con un po' di tempo a disposizione, perché le mie incombenze me ne lasciavano assai poco, mi ritrovai tutta investita da questa presenza divina, così forte che mi dimenticai di me stessa e del luogo dov'ero. Allora mi abbandonai a questo divino Spirito, consegnando il mio cuore alla forza del suo amore. Lui mi fece riposare a lungo sul suo petto divino e lì mi fece scoprire le meraviglie del suo amore e i segreti inesplicabili del suo sacro Cuore, che mi aveva sempre tenuto nascosti. Quando me lo aprì per la prima volta, fu in modo così forte e toccante, che non mi lasciò ombra di dubbio, considerati gli effetti che questa grazia produsse in me, al punto che temo sempre di sbagliarmi in tutto quanto dico che è accaduto in me. Ecco come mi pare che la cosa si sia svolta.Lui mi disse: «Il mio Cuore divino arde così tanto d'amore per gli uomini e per te in particolare, che, non potendo contenere in se stesso le fiamme della sua carità ardente, deve diffonderle per mezzo tuo e manifestarsi agli uomini per arricchirli dei suoi preziosi tesori. Io te li rivelo, affinché tu sappia che contengono le grazie santificanti e salvifiche necessarie per allontanare gli uomini dall'abisso della perdizione. Ti ho scelta, sebbene tu sia un abisso d'indegnità e ignoranza, per il compimento di questo grande disegno, in modo che tutto sia fatto da me». In seguito, mi chiese il mio cuore, che gli supplicai di prendere, cosa che fece e lo mise nel suo adorabile Cuore, dove me lo fece vedere simile a un piccolo atomo che si consumava in quella fornace incandescente. Ritiratolo di lì come una fiamma ardente in forma di cuore, lo rimise nel posto da cui l'aveva preso, dicendomi: «Ecco, mia amata, un prezioso pegno del mio amore, che chiude nel tuo costato una piccola scintilla delle sue più vive fiamme, affinché ti serva da cuore e ti consumi fino all'estremo momento. Il suo ardore non si spegnerà e potrà trovare un po' di refrigerio solo nel salasso. Io lo segnerò talmente col sangue della mia Croce, che ti porterà più umiliazioni e sofferenze che sollievo. Ecco perché voglio che tu chieda con semplicità questo rimedio, sia per praticare quel che ti è stato ordinato, sia per darti la consolazione di versare il tuo sangue sulla croce delle umiliazioni».

54. Come segno ha sempre un dolore al fianco e diviene discepola del sacro Cuore

«Come segno che la grande grazia che ti ho fatto non è un'immaginazione, ma il fondamento di tutte quelle che ti concederò, sappi che, pur avendo io chiuso la ferita nel tuo costato, il dolore ti rimarrà per sempre e, se finora hai avuto solo il nome di mia schiava, adesso ti conferisco quello di amata discepola del mio sacro Cuore». Dopo una grazia così grande e che si protrasse per un lungo periodo, durante il quale non sapevo se mi trovavo in cielo o sulla terra, rimasi molti giorni come infiammata e inebriata. Ero talmente fuori di me, che non riuscivo a dire una parola se non facendomi violenza, e mi toccava farmene una così grande per distrarmi e mangiare, che mi ritrovavo allo stremo delle forze nel tentativo di sopportare il mio dolore e me ne sentivo molto umiliata. Non riuscivo a dormire, perché quella ferita, il cui dolore mi è così prezioso, mi causa ardori così violenti, che mi consuma e mi fa bruciare viva. Sentivo una così grande pienezza di Dio, che non sapevo esprimerla alla mia superiora come avrei desiderato fare, nonostante la pena e l'imbarazzo che queste grazie mi causavano nel raccontarle, per via della mia grande indegnità, che mi avrebbe piuttosto spinta mille volte a scegliere di raccontare i miei peccati a tutti. Questo mi sarebbe stato di grande consolazione, se mi fosse stato consentito farlo e leggere ad alta voce la mia confessione generale in refettorio, per mostrare il fondo di corruzione che era in me, e per evitare che attribuissero valore alle grazie che ricevevo.

55. Nei primi venerdì del mese, il sacro Cuore le appare come un sole sfolgorante, come una fornace ardente

Quanto ho riferito sul dolore al costato, si rinnovava nei primi venerdì del mese nel seguente modo: il sacro Cuore mi appariva come un sole sfolgorante di luce vivissima, i cui raggi ardenti colpivano il mio cuore. Me lo sentivo ben presto infiammato da un fuoco tale, che mi pareva di ridurmi in cenere, ed era soprattutto in quel momento che il mio divino Maestro mi spiegava ciò che voleva da me e mi rivelava i segreti di quell'amabile Cuore. Una volta, fra le altre, in cui il santo Sacramento era esposto, dopo essermi assorta in me stessa con uno straordinario raccoglimento di tutti i sensi e di tutte le facoltà, Gesù Cristo, il mio dolce Maestro, si presentò a me, sfolgorante di gloria con le sue cinque piaghe, scintillanti come cinque soli. Da questa sacra umanità uscivano ovunque fiamme, ma soprattutto dal suo adorabile petto, che pareva una fornace, e apertasi la fornace, mi veniva svelato il suo amoroso e amabile Cuore, che era la sorgente viva di quelle fiamme. Fu allora che mi rivelò le meraviglie inesplicabili del suo puro amore e fino a quale eccesso aveva spinto il suo amore per gli uomini, dai quali riceveva solo ingratitudine e indifferenza. «Ciò mi ferisce più di tutto quanto ho sofferto durante la mia passione», mi

disse. «Se mi contraccambiassero con un po'
d'amore, stimerei poco quanto ho fatto per loro, e
vorrei, se fosse possibile, fare ancora di più. Invece,
non hanno che freddezza e rigetto per tutte le mie
premure che mirano a far loro del bene».

56. Dovrà supplire all'ingratitudine degli uomini

«Ma, almeno tu, dammi il piacere di supplire alle loro ingratitudini nella misura in cui ne sei in grado». Confessando la mia incapacità, mi rispose: «Tieni, ecco quanto ti serve per supplire a ciò che ti manca». E contemporaneamente il suo Cuore divino si aprì e ne uscì una fiamma così ardente, che credetti mi dovesse consumare. Ne fui interamente penetrata e non riuscivo più a sopportarla, al punto che gli chiesi di avere pietà della mia debolezza. «Sarò la tua forza», mi disse. «Non temere nulla, ma presta attenzione alla mia voce e a ciò che ti chiedo, affinché tu ti disponga al compimento dei miei disegni».

57. Si comunicherà il più spesso possibile e in particolare i primi venerdì. Farà l'Ora Santa

«Innanzitutto, mi riceverai attraverso il santo Sacramento tutte le volte che l'obbedienza te lo vorrà permettere, nonostante ogni umiliazione e mortificazione che te ne potrà derivare e che dovrai ricevere come pegni del mio amore. Inoltre, ti dovrai comunicare tutti i primi venerdì del mese e, tutte le notti tra il giovedì e il venerdì, ti renderò partecipe di quella tristezza mortale che ho voluto provare nel giardino degli Ulivi. Quella tristezza ti porterà, senza che tu possa capirlo, a una specie di agonia più dura da sopportare che non la morte. E per accompagnarmi nell'umile preghiera che allora, in mezzo a tutte le angosce, rivolsi al Padre mio, ti leverai tra le undici e la mezzanotte e ti prosternerai per un'ora con me, con la faccia a terra, sia per placare la collera divina, chiedendo misericordia in nome di tutti i peccatori, sia per addolcire in qualche modo l'amarezza che provavo in seguito all'abbandono dei miei apostoli e che mi costrinse a rimproverarli perché non erano stati capaci di vegliare un'ora insieme a me. In quell'ora, tu farai quello che t'insegnerò. Ma ascolta, figlia mia, non credere con leggerezza a ogni spirito e non fidarti, perché Satana muore dalla voglia di infamarti. Quindi, non fare nulla senza l'approvazione di chi ti guida, in modo che, avendo dalla tua parte l'autorità dell'obbedienza, lui non ti possa ingannare. Infatti, non ha alcun potere su coloro che obbediscono».

58. La superiora la mortifica e le rifiuta ogni cosa. L'assale una forte febbre

Durante tutto questo tempo non avevo coscienza di me, né sapevo dove mi trovavo. Quando mi portarono via, vedendo che non riuscivo a rispondere e neanche a reggermi, se non con grande fatica, mi condussero dalla nostra Madre. Io mi gettai ai suoi piedi, ma lei, vedendomi fuori di me, tutta febbricitante e tremante, mi mortificò e mi umiliò con tutte le sue forze, cosa che mi fece un piacere incredibile e mi rese felice. Mi sentivo talmente colpevole e confusa, che qualunque trattamento severo mi fosse stato riservato, mi sarebbe parso troppo dolce. Dopo che le ebbi detto, con grande imbarazzo, cos'era accaduto, Lei mi umiliò ancora di più e non mi permise di fare, per questa volta, ciò che io credevo che Nostro Signore mi chiedeva di fare, considerando con disprezzo tutto quanto le avevo detto. Questo mi consolò molto e mi ritirai in grande pace. Il fuoco che mi divorava mi causò ben presto una forte e continua febbre, ma mi piaceva molto soffrirne e ne parlai solo quando mi mancarono le forze. Il dottore si accorse che da molto tempo ne ero affetta e ne soffrii ancora a lungo, per oltre sessanta accessi. Mai ho provato tanta consolazione; tutto il mio corpo soffriva atroci dolori e questo alleviava un po' la sete ardente che avevo di soffrire. Quel fuoco divorante, infatti, si nutriva e si saziava solo del legno della croce, di ogni tipo di sofferenze, disprezzo, umiliazioni e dolori, anche se io non provavo dolore che potesse uguagliare quello di non soffrire abbastanza. Pareva che ne sarei morta.

59. Le appaiono le tre persone della Santa Trinità

Invece, Nostro Signore continuava a tributarmi le sue grazie e ricevetti, in un momento durante il quale avevo perso i sensi, quella incomparabile per cui si presentarono a me le tre persone della Santa Trinità, che riempirono di grande consolazione la mia anima. Non sono in grado di spiegare quel che mi accadde; posso solo dire che mi parve che il Padre eterno, mostrandomi una grandissima croce irta di spine, insieme a tutti gli altri strumenti della passione, mi disse: «Tieni, figlia mia, ti faccio lo stesso dono che ho fatto al mio amato Figlio». «E io», mi disse il mio signore Gesù Cristo, «ti ci crocifiggerò come io sono stato crocifisso e ti terrò compagnia». La terza di quelle adorabili persone mi disse che lui era solo amore e che mi avrebbe consumata purificandomi. Il mio animo rimase in una pace e in una gioia inconcepibili e l'impressione che mi fecero quelle divine Persone non si è cancellata mai più. Mi apparvero sotto forma di tre giovani vestiti di bianco risplendenti di luce, tutti della stessa età, grandezza e bellezza. Allora non capii, come ho capito in seguito, le grandi sofferenze che tutto ciò comportava.

60. La obbligano a chiedere la salute come prova delle rivelazioni

Poiché mi fu chiesto di chiedere la salute a Nostro Signore, lo feci, anche se temevo di essere esaudita. Ma mi venne detto che, grazie al ristabilirsi della mia salute, si sarebbe capito se tutto ciò che mi accadeva proveniva dallo Spirito di Dio. Dopodiché mi sarebbe stato permesso di fare quanto Lui mi aveva comandato, riguardo sia alla comunione dei primi venerdì sia alla veglia di un'ora che voleva da me durante la notte fra il giovedì e il venerdì. Avendo riferito per obbedienza tutto ciò a Nostro Signore, riacquistai subito la salute. Infatti, la santissima Vergine, mia buona Madre, avendomi gratificata con la sua presenza, mi fece grandi carezze e mi disse dopo un lungo incontro: «Riprendi coraggio, cara figlia mia, con la salute che ti porto da parte del mio divino Figlio, perché hai ancora un lungo e doloroso cammino da percorrere, sempre sotto il peso della croce, trafitta dai chiodi e dalle spine e lacerata dai colpi di frusta. Ma non temere, non ti abbandonerò e ti prometto la mia protezione». È una promessa che ha poi avuto modo di farmi sentire quando più mi è stato necessario. Il mio sovrano Signore continuava sempre a gratificarmi con la sua presenza attuale e sensibile, come ho già detto, avendomi promesso che sarebbe stato così per sempre. In effetti non me ne privava, nonostante tutte le colpe che potevo commettere.

61. La santità di Dio non sopporta macchia alcuna

Poiché la sua santità non sopporta alcuna macchia, Lui mi mostra anche la più piccola imperfezione e non la tollera quando è frutto della pur minima volontà o negligenza. Essendo io tanto imperfetta e miserabile da commettere molte colpe, seppure involontarie, confesso che per me è un insopportabile tormento apparire al cospetto di questa Santità, dopo che mi sono lasciata andare a qualche infedeltà, e non c'è supplizio cui non mi sacrificherei, piuttosto che sopportare la presenza di questo Dio santo allorché la mia anima è macchiata da una colpa. Sarebbe per me mille volte più dolce gettarmi in una fornace ardente.

62. Nostro Signore le mostra un quadro di tutte le sue miserie

Una volta che mi ero lasciata andare a un moto di vanità parlando di me stessa, mio Dio, quante lacrime e quanti gemiti mi causò questa mancanza! Nel momento in cui restammo soli, Lui mi rimproverò in questo modo con un viso severo: «Cos'hai tu, polvere e cenere, da poterti glorificare, visto che non hai nulla di tuo se non il nulla e la miseria, che mai devi perdere di vista, così come mai devi uscire dall'abisso del tuo nulla? E per fare in modo che la grandezza dei miei doni non ti faccia dimenticare chi sei, voglio mettertene davanti agli occhi il quadro». E subito mi mostrò questo quadro orrendo, dove c'era una sintesi di ciò che io sono. Questo mi sorprese tanto e mi suscitò tanto disgusto di me stessa, che, se lui non mi avesse sorretta, sarei svenuta dal dolore. Non riuscivo a capire l'eccesso di una così grande bontà e misericordia, che non mi aveva ancora fatta sprofondare nell'inferno e riusciva a sopportarmi, mentre io non riuscivo a sopportare me stessa. Ed era questo il supplizio mediante il quale Lui puniva in me i minimi moti di vana compiacenza, così costringendomi talvolta a dirgli: «O mio Dio! Ahimè! Fatemi morire oppure celatemi questo quadro, perché non posso vivere vedendolo». Infatti, mi causava dolori insopportabili di odio e vendetta contro me stessa e, poiché l'obbedienza non mi permetteva di compiere su di me i rigori che questa visione mi suggeriva, non posso esprimere quanto soffrivo. Sapendo che quel Sovrano della mia anima gradiva tutto ciò che l'obbedienza mi ordinava e traeva un particolare piacere dal vedermi umiliata, questo mi rendeva così ligia nell'accusarmi dei miei peccati al fine di riceverne penitenze, che, per quanto dure fossero, mi parevano un dolce refrigerio in confronto a quella che m'infliggeva Lui, che vedeva difetti anche in ciò che pareva più puro e perfetto. È quanto mi fece provare un giorno di Ognissanti, in cui mi fu detto in modo intelligibile: «Nulla di sozzo nell'innocenza, I Nulla si perde nella Potenza, Nulla accade in quel beato soggiorno, Tutto si consuma nell'amare». Le spiegazioni date in merito a queste parole, per molto tempo mi hanno tenuta impegnata. «Nulla di sozzo nell'innocenza», cioè non dovevo avere alcuna macchia nella mia anima né nel mio cuore. «Nulla si perde nella Potenza», cioè dovevo dare tutto e abbandonare tutto a Lui, che era la potenza stessa; perché a dargli tutto non si perde nulla. Quanto agli altri due versi, si riferivano al paradiso, lì dove nulla accade, perché tutto è eterno e ci si consuma nell'amore. E poiché in quello stesso istante mi fu mostrato un piccolo assaggio di questa gloria, Dio mio, in quale trasporto di gioia e desiderio tutto ciò mi trascinò! Ero in ritiro e passai tutto il giorno immersa in questi piaceri inesplicabili, di cui mi pareva che non si potesse fare altro che andare subito a goderne. Ma le altre parole mi fecero capire che ero ben lontana dal vero. Eccole: «Invano il tuo cuore sospira, Per entrarvi come credi. I Bisogna solo aspirarvi, Attraverso il cammino della croce». Dopodiché mi fu mostrato tutto quanto dovevo soffrire nella mia vita e tutto il mio corpo fu scosso da un tremito, sebbene allora non lo capissi a causa di quel quadro, come l'ho poi capito per gli effetti che me ne sono derivati.

63. Dio chiede umiltà e sincerità nella confessione

Mentre mi preparavo a fare la mia confessione annuale, cercando con grande scrupolo tutti i miei peccati, il divino Maestro mi disse: «Perché ti tormenti? Fa' ciò che è in tuo potere, supplirò io a quanto mancherà. In questo sacramento chiedo solo che un cuore contrito e umiliato, mosso da una volontà sincera di non dispiacermi mai più, si accusi senza mascheramenti. In tal caso, io perdono subito e ne consegue una perfetta emendazione».

64. Teme che lo spirito che la guida non sia lo spirito di Dio

Questo Spirito sovrano, che operava e agiva in me indipendentemente da me stessa, aveva preso possesso assoluto del mio essere spirituale e anche corporale, al punto che potevo avere nel mio cuore moti di gioia e di tristezza solo se così Lui voleva e occuparmi unicamente delle incombenze che Lui mi suggeriva. Ciò mi ha sempre tenuta in un oscuro timore di essere ingannata, nonostante tutte le assicurazioni che ho potuto ricevere del contrario, sia da Lui sia da chi mi guidava, cioè dai miei superiori. Mi erano stati assegnati direttori solo affinché esaminassero come agiva in me, con loro piena libertà di approvare o disapprovare. Il mio dolore era che, invece di liberarmi dell'inganno in cui credevo davvero di essere caduta, costoro mi ci spingevano ancora di più, sia i miei confessori sia gli altri, dicendomi di abbandonarmi alla potenza di quello spirito e di lasciarmi guidare senza riserve. Anche se si fosse fatto di me un giocattolo nelle mani del demonio, come pensavo, dovevo continuar a seguire i suoi impulsi.

65. L'abito dell'innocenza

Feci dunque la mia confessione annuale, dopo la quale mi parve di vedermi e sentirmi al contempo spogliata e rivestita di un abito bianco, mentre mi venivano rivolte queste parole: «Ecco l'abito dell'innocenza di cui rivesto la tua anima, in modo che tu viva solo la vita di un Uomo-Dio, cioè in modo che tu viva come se tu non vivessi più, ma mi lasciassi vivere in te. Io sono la tua via e tu non vivrai più se non in me e per me, e voglio che tu agisca come se non agissi, ma mi lasciassi agire e operare in te e per te, rimettendo a me la cura di ogni cosa. Non devi più avere volontà, se non per non averne, lasciandomi volere per te in tutto e per tutto».

66. «Voglio solo te»

Una volta, quest'unico amore dell'anima mia mi apparve recando in una mano il quadro della vita più felice che si possa immaginare per un anima religiosa, tutta immersa nella pace, nelle consolazioni interiori ed esteriori, di una perfetta santità, unita al plauso e alla stima degli uomini e con altre cose grate alla natura. Nell'altra mano recava un altro quadro di una vita completamente povera e abietta, sempre crocifissa da ogni sorta di umiliazioni, disprezzo e contrasti, sempre sofferente nel corpo e nello spirito. Mostrandomi questi due quadri, mi disse: «Scegli, figlia mia, quello che ti piace di più. Ti concederò le stesse grazie sia che tu scelga l'uno sia che tu scelga l'altro». Gettatami ai suoi piedi per adorarlo, gli dissi: «O mio Signore, voglio solo Voi e la scelta che Voi farete per me». E dopo che mi ebbe fatto molte pressioni affinché mi decidessi, aggiunsi: «Voi mi siete sufficiente, o mio Dio! Fate di me ciò che più potrà glorificarvi, senza tenere conto dei miei interessi né delle mie soddisfazioni. Siate contento Voi e questo mi basterà». Allora mi disse che, come Maddalena, io avevo scelto la parte migliore, che non mi sarebbe più stata tolta, perché sarebbe stata la mia eredità per sempre. E presentandomi il quadro della crocifissione, disse: «Ecco quello che ho scelto per te e quello che più mi è gradito, sia per il compimento dei miei disegni, sia per renderti conforme a me. L'altra è una vita di godimento e non di merito; è la vita eterna». Accettai dunque questo quadro di morte e crocifissione, baciando la mano di colui che me lo presentava. Sebbene la mia natura fremesse, lo abbracciai con tutto l'affetto di cui il mio cuore era capace, stringendomelo al petto, e lo sentii così fortemente impresso in me, che mi pareva di essere un composto di tutto quanto vi avevo visto raffigurato.

67. È Dio che illumina la superiora sul modo di guidarla

Mi trovai talmente cambiata nelle disposizioni, che non mi riconoscevo più. Lasciai giudice di tutto la mia superiora, con cui non potevo nascondere nulla né omettere nulla di tutto quello che mi ordinava, purché provenisse direttamente da lei. Lo spirito che mi possedeva mi faceva provare una terrificante ripugnanza quando lei mi ordinava qualcosa o mi voleva guidare seguendo i consigli altrui. Questo accadeva perché Lui mi aveva promesso di darle sempre i lumi necessari affinché mi guidasse secondo i suoi disegni.

68. Satana ottiene il permesso di tentarla

Le grazie più grandi che ricevevo dalla sua bontà, mi venivano durante la santa Comunione e nella notte, in particolare quella tra il giovedì e il venerdì, quando si producevano favori inesplicabili. Una volta Lui mi avverti che Satana aveva chiesto di mettermi alla prova nel crogiolo delle contraddizioni e delle umiliazioni, delle tentazioni e degli abbandoni, come l'oro nella fornace. Lui gli aveva tutto permesso, tranne l'impurità, non volendo che mi fosse data alcuna pena a questo proposito, perché la odiava con tale forza, che non aveva voluto permettergli di attaccarmi neppure minimamente con quella. Dovevo, invece, restare in guardia per tutte le altre tentazioni, soprattutto quelle dell'orgoglio, della disperazione e della gola, di cui avevo più orrore che della morte. Mi assicurò che non dovevo temere nulla, perché Lui sarebbe stato come un forte inespugnabile dentro me e avrebbe combattuto per me, divenendo il premio delle mie vittorie e circondandomi con la sua potenza affinché non soccombessi. Ma bisognava che vegliassi continuamente su tutto ciò che proveniva dall'esterno, mentre lui si prendeva cura dell'interno. Non tardai molto ad avvertire le minacce del mio persecutore. Si presentò sotto forma di un moro spaventoso, con gli occhi scintillanti come due carboni, e mi disse, digrignando i denti: «Che tu sia maledetta, ti agguanterò e, se solo potrò per un unica volta tenerti in mio potere, ti farò provare quello di cui sono capace e ti farò male ovunque». Sebbene mi facesse altre minacce, non m'intimoriva affatto, bensì mi sentivo fortificata dentro me. Mi pareva che non avrei temuto neanche tutte le furie dell'inferno, per la grande forza che sentivo in me, insieme alla virtù di un piccolo crocifisso cui il mio sovrano Liberatore aveva dato la forza di allontanare tutti quei furori infernali. Lo portavo sempre sul cuore, notte e giorno, e ne traevo grande sostegno.

69. In balia delle persecuzioni. È sorretta dal suo angelo custode, che la rimprovera quando necessario

Fui mandata a lavorare in infermeria, dove solo Dio sa ciò che ho dovuto soffrire, sia a causa del mio carattere sensibile, sia a causa degli uomini e del demonio, che spesso mi faceva cadere e rompere tutto quanto avevo in mano. Dopodiché mi prendeva in giro, ridendomi talvolta in faccia: «Sciattona! Non combinerai mai niente di buono». Questo faceva sprofondare il mio spirito in una tristezza e in una prostrazione così profonda, che non sapevo cosa fare, perché spesso mi toglieva la possibilità di parlarne con la nostra superiora, sapendo che l'obbedienza distruggeva tutte le sue forze. Una volta, mi spinse dall'alto di una scala mentre reggevo un braciere pieno di fuoco, e mi ritrovai a terra, senza che il fuoco si fosse spento e senza che mi fossi fatta alcun male, anche se chi mi vide cadere pensò che mi fossi rotta le gambe. Ma io sentivo il mio fedele angelo custode che mi sosteneva e avevo spesso la felicità di godere della sua presenza e di essere rimproverata e corretta da lui. Una volta, essendomi voluta immischiare a parlar del matrimonio d'una parente, mi mostrò che questo era indegno di un'anima religiosa e mi rimproverò severamente. Disse che, se mi fossi di nuovo immischiata in quel genere di faccende, mi avrebbe nascosto il suo volto. Non poteva sopportare la benché minima immodestia o mancanza di rispetto alla presenza del mio sovrano Maestro, davanti al quale lo vedevo prosternato a terra, e voleva che facessi lo stesso. E io lo facevo il più spesso possibile e non trovavo posizione più dolce a causa delle mie continue sofferenze nel corpo e nello spirito, perché era la più conforme al mio nulla, che mai perdevo di vista. Anzi, me ne sentivo sempre immersa, che fossi nella sofferenza o nella gioia, lì dove non riuscivo più a provare alcun piacere.

70. Il pane di salvezza delle sofferenze

Questa santità d'amore mi spingeva così forte a soffrire per ricambiarlo, che avevo requie solo sentendo il mio corpo schiacciato dalle sofferenze, il mio spirito immerso in ogni sorta di derelizioni e tutto il mio essere sprofondato nelle umiliazioni, nel disprezzo e nei contrasti, che non mi mancavano mai, grazie a Dio, il quale non me ne lasciava priva un solo momento, sia dentro sia fuori di me. Allorché questo pane di salvezza scarseggiava, ne dovevo cercare dell'altro nella mortificazione; il mio carattere sensibile e orgoglioso me ne forniva molte occasioni. Lui voleva che non mi lasciassi sfuggire alcuna opportunità e, quando mi accadeva di farlo, a causa della grande violenza che dovevo farmi per superare le mie ripugnanze, me lo faceva pagare il doppio. Quando voleva qualcosa da me, insisteva talmente, che mi era impossibile resistere, e il fatto di averlo voluto fare spesso, mi ha portata a soffrire molto. Lui esigeva tutto ciò che era più in contrasto col mio carattere e contrario alle mie inclinazioni, e voleva che camminassi incessantemente nella direzione a loro contraria.

71. Trionfa sulle sue ripugnanze naturali con atti di eroismo

Ero talmente schifiltosa, che la minima sporcizia mi sconvolgeva lo stomaco. Lui mi rimproverò tanto su questo punto, che una volta, volendo pulire il vomito d'una malata, non riuscii a impedirmi di farlo con la lingua e di mangiarlo, dicendogli: «Se avessi mille corpi, mille amori, mille vite, io li immolerei per esservi schiava». E allora trovai in quell'azione tali delizie, che avrei voluto trovarne di simili ogni giorno, per imparare a vincermi, senza altro testimone che Dio. Ma la sua bontà, cui solo ero in debito di avermi dato la forza per dominarmi, non mancò di rendermi palese il piacere che quel gesto gli aveva procurato. Infatti, la notte successiva, se non mi sbaglio, mi tenne quasi due o tre ore con la bocca incollata sulla piaga del suo sacro Cuore, e mi sarebbe difficile esprimere ciò che provavo allora e gli effetti che questa grazia produsse nella mia anima e nel mio cuore.

Questo basta a spiegare le grandi bontà e misericordie riversate dal mio Dio su una creatura così miserabile. Tuttavia, Lui non voleva affatto attenuare la mia sensibilità né le mie grandi ripugnanze, sia per onorare quelle che Lui aveva voluto patire nel giardino degli Ulivi, sia per fornirmi strumenti di vittorie e umiliazioni. Ma, ahimè, io non sono sempre fedele e spesso cado! Era una cosa cui pareva prendere gusto, sia per confondere il mio orgoglio, sia per rafforzarmi nella diffidenza verso me stessa, mostrandomi che senza di Lui potevo solo far male e avere continue cadute senza potermi risollevare. Allora quel sovrano Bene della mia anima veniva in mio soccorso e, come un buon padre, mi tendeva le braccia del suo amore, dicendomi: «Sai bene che non puoi nulla senza di me». Questo mi faceva sciogliere di riconoscenza per la sua amorevole bontà e mi mettevo a piangere, vedendo che non si vendicava dei miei peccati e delle mie continue infedeltà, ma m'inondava di eccessi d'amore con cui sembrava combattere le mie ingratitudini. Talvolta me le metteva sotto gli occhi, insieme alla moltitudine delle sue grazie, e mi ritrovavo nell'impossibilità di parlargli se non con le lacrime agli occhi, soffrendo più di quanto riesco a riferire. Così quel divino Amore si divertiva con la sua indegna schiava. E una volta in cui ero stata colta da nausea mentre accudivo una malata che aveva la dissenteria, mi rimproverò così aspramente, che, per riparare a questa colpa, mi vidi costretta, mentre andavo a buttare via ciò che quella aveva fatto, a bagnarvi a lungo la lingua dentro e a riempirmene la bocca. Avrei ingoiato tutto se Lui non mi avesse ricordato l'obbedienza, che non mi permetteva di mangiare nulla senza permesso. Dopodiché mi disse: «Sei davvero pazza a fare queste cose!». Io gli risposi: «O mio Signore, lo faccio per farvi piacere e conquistare il vostro cuore divino, che spero non mi rifiuterete. Ma Voi, mio Signore, cosa non avete fatto per conquistare il cuore degli uomini e, nonostante ciò, loro ve lo rifiutano e molto spesso vi cacciano via». «È vero, figlia mia, che il mio amore mi ha fatto sacrificare tutto per loro, senza esserne ricambiato. Ma io voglio che tu supplisca, per i meriti del mio sacro Cuore, alla loro ingratitudine».

72. Nostro Signore esige da lei un pesante sacrificio per la sua comunità

«Io voglio donarti il mio Cuore. Ma prima bisogna che tu diventi la sua vittima immolata, di modo che, con la sua intercessione, tu allontani i castighi che la giustizia divina del Padre mio armato di collera vuole, nel suo giusto sdegno, infliggere a una comunità religiosa, per riprenderla e correggerla». Al contempo me la mostrava con quei difetti che l'avevano irritato e con tutto quel che avrei dovuto soffrire per acquietare la sua giusta collera. Questa vista mi fece fremere tutta e non ebbi il coraggio di sacrificarmi. Dissi che non era a causa mia e che non potevo farlo senza il consenso dell'obbedienza. Ma il timore che me lo imponessero mi fece trascurare di chiederlo e Lui mi perseguitava senza sosta e non mi conce deva tregua. Mi scioglievo in lacrime, vedendomi infine costretta a dirlo alla superiora, la quale, vedendo la mia pena, mi disse di offrirmi per tutto quanto Lui desiderava da me, senza riserve. Ma, mio Dio, fu allora che la mia pena raddoppiò, perché non avevo proprio il coraggio di dire si e continuavo a opporre resistenza.

73. Poiché all'inizio aveva opposto resistenza, il sacrificio le viene imposto in condizioni più dolorose

La vigilia della Presentazione, questa divina Giustizia mi apparve armata in modo così terribile, che ero fuori di me e, non potendo più opporre resistenza, mi fu detto come a san Paolo: «È duro recalcitrare contro gli strali della mia giustizia! Poiché mi hai opposto tante resistenze pur di evitare le umiliazioni che dovrai soffrire per questo sacrificio, te le raddoppierò. Infatti, ti chiedevo solo un sacrificio segreto; ora lo voglio pubblico e, al contempo, estraneo a ogni ragionamento umano e unito a circostanze così umilianti, che ti saranno motivo d'imbarazzo per il resto della tua vita, sia dentro te sia di fronte agli uomini. Così imparerai cosa vuol dire opporre resistenza a Dio». Lo capii bene, ahimè, perché mai mi sono trovata in tale stato; ecco alcune piccole cose, ma non tutto. Dopo l'orazione della sera non mi fu possibile uscire insieme alle altre e rimasi nel coro fino all'ultimo momento della cena, piangendo e gemendo di continuo. Andai poi a fare la piccola refezione perché, essendo la vigilia della Presentazione, era giorno di digiuno. Dopo essermi trascinata a viva forza nella sala della comunità, mi trovai così fortemente sospinta a fare questo sacrificio ad alta voce, nel modo in cui Dio aveva detto di volerlo da me, che fui costretta a uscire per recarmi a chiedere il permesso alla superiora, che allora era malata. Confesso che ero talmente fuori di me, che mi pareva di essere con piedi e mani legati, priva di ogni libertà sia dentro sia fuori, a parte le lacrime che versavo in abbondanza, pensando che erano la sola espressione di quanto soffrivo. Mi vedevo come la peggiore criminale della terra, trascinata in catene al luogo del mio supplizio. Vedevo pure questa santità di Dio, armata degli strali della sua giusta collera, pronta a scagliarli per gettarmi nell'abisso, così mi pareva, di quelle fauci spalancate dell'inferno, che vedevo aperte e pronte a inghiottirmi. Mi sentivo bruciare da un fuoco divorante, che mi penetrava fino al midollo, e tutto il mio corpo era in preda a un grande tremito. Non riuscivo a dire altro che: «Mio Dio, abbiate pietà di me, in virtù della grandezza della vostra misericordia». E per tutto il resto del tempo, gemevo sotto il peso del mio dolore, senza poter trovare la forza di raggiungere la superiora, dalla quale arrivai verso le Otto, quando una sorella che mi aveva trovata mi condusse da lei. La superiora fu molto sorpresa al vedermi in quello stato, che non riuscivo neanche a esprimere, pur credendo che lo si capisse vedendomi, sebbene non fosse vero. La superiora, la quale sapeva che solo l'obbedienza avrebbe avuto potere su quello spirito che mi teneva in tale stato, mi ordinò di raccontarle la mia pena. Le raccontai del sacrificio di tutto il mio essere che Dio voleva gli facessi, davanti a tutta la comunità, e il motivo per cui me lo chiedeva. Non riferirò quel motivo, per timore di ferire la santa carità e, al contempo, il Cuore di Gesù Cristo, da cui questa cara virtù nasce. È il motivo per cui non vuole che la s'intacchi neanche un po', qualunque pretesto venga a tal fine addotto.

74. La notte d'agonia

Infine, avendo fatto e detto ciò che il mio divino Sovrano voleva da me, in casa se ne parlò e vennero espressi diversi pareri. Lascio tutte queste circostanze alla misericordia del mio Dio. Ma credo di poter assicurare che mai avevo sofferto tanto; neanche se avessi messo insieme tutte le sofferenze fino ad allora patite e tutte quelle che ho patito poi e tutte insieme mi fossero durate fino alla morte, non sarebbe paragonabile a ciò che dovetti sopportare quella notte, con cui Nostro Signore volle gratificare la sua indegna schiava, per rendere onore alla notte dolorosa della sua passione, sebbene la mia ne fosse solo un piccolo assaggio. Venivo trascinata da una parte all'altra, in condizioni di terribile smarrimento. Quella notte, quindi, trascorse fra i tormenti che Dio mi mandava e senza riposo, fin quasi all'ora della santa messa, quando mi pare di avere udito queste parole: «Finalmente la pace è fatta e la mia santità di giustizia è soddisfatta dal tuo sacrificio in omaggio a quello che io feci al momento della mia Jncarnazione nel seno di mia Madre. Il merito di questo mistero ho voluto unirlo e rinnovarlo con quello che tu mi hai fatto, applicandolo in favore della carità, come ti ho già spiegato. Perciò non devi pretendere più nulla per quello che potrai fare e soffrire, né al fine di accrescere i tuoi meriti, né al fine di soddisfare penitenze o per altri motivi, avendo tutto sacrificato e messo a mia disposizione a vantaggio della carità.

Quindi, a mia imitazione, agirai e soffrirai in silenzio, senza altro interesse che la gloria di Dio, la quale si compirà quando il regno del mio sacro Cuore sarà edificato in quello degli uomini, cui voglio manifestarlo per mezzo tuo».

75. Continua a soffrire per placare la giustizia di Dio

Il mio Sovrano mi diede questi santi insegnamenti dopo che l'avevo ricevuto durante la comunione, ma non mi tolse dal mio stato di dolore, nel quale sentivo una pace inalterabile, grazie all'accettazione di tutto ciò che soffrivo e mi veniva mostrato che avrei sofferto sino al giorno del Giudizio, se questa era la volontà del mio Dio. Lui non mi fece più apparire agli occhi degli altri se non come oggetto di contraddizione, come una fogna di rifiuti, disprezzo e umiliazioni, che vedevo con piacere piovermi addosso da ogni parte, senza ricevere consolazione né dal cielo né dalla terra. Pareva che tutto cospirasse per annientarmi. Venivo continuamente interrogata e le poche risposte che mi venivano cavate a forza, servivano solo come strumenti per accrescere il mio supplizio. Non potevo mangiare, né parlare, né dormire, e ogni mio riposo e ogni mia incombenza era rimanere prosternata davanti al mio Dio, la cui sovrana grandezza mi teneva annientata nell'abisso più profondo del mio nulla, sempre piangendo e gemendo per chiedergli misericordia e allontanare gli strali della sua giusta collera. L'incarico che avevo allora, tenendo continuamente occupati il mio corpo e il mio spirito, mi causava un tormento insopportabile; tanto più che, nonostante tutte le mie pene, il mio sovrano Maestro non mi consentiva la benché minima omissione, né voleva farmi dispensare dai miei doveri. Lo stesso era anche per tutti gli altri doveri e l'osservanza delle regole, verso cui sentivo che la forza della sua potenza sovrana mi trascinava come una criminale al luogo di un nuovo supplizio. Ne trovavo ovunque ed ero così inghiottita e immersa nella mia sofferenza, che non avevo più spirito né vita, tranne che per vedere quanto di doloroso mi accadeva. Tutto ciò non mi causava il minimo moto d'inquietudine e tristezza, anche se in mezzo a tutti questi tormenti ero sempre portata verso ciò che era più contrario alla mia natura immortificata e opposto alle mie inclinazioni.

76. Il refettorio come luogo di punizione

Si accorsero che non mangiavo e ricevetti molti rimproveri dalla superiora e dal confessore, che mi ordinarono di mangiare tutto quanto mi veniva presentato a tavola. Quest'obbedienza era al disopra della mie forze, ma Colui che, nel bisogno, mai faceva mancare il suo aiuto, mi diede anche in quell'occasione la forza di sottomettermi senza repliche e scuse. Dopo che avevo mangiato, però, dovevo vomitare quanto avevo ingerito e, protraendosi a lungo tale situazione, finii per avere sempre mal di stomaco. I dolori erano terribili, al punto che non riuscivo a trattenere quel poco che avevo ingerito. Decisero allora di modificare l'obbedienza e mi permisero di mangiare secondo le mie possibilità. Devo confessare che, da quel momento in poi, il cibo è sempre stato per me un supplizio e andavo al refettorio come a un luogo di punizione, cui mi aveva condannata il peccato. Per quanti sforzi facessi nel prendere con indifferenza il cibo che mi veniva presentato, non riuscivo a fare a meno di scegliere quello più comune, essendo il più conforme alla mia povertà e al mio nulla, come pane e acqua, che per me bastavano. Il resto era di troppo.

77. Temono che sia posseduta dal demonio

Tornando al mio stato di sofferenza, che si protraeva, anzi aumentava sempre più, a causa di altre penose umiliazioni, in casa iniziarono a credere che fossi posseduta dal demonio. Mi aspergevano con acqua benedetta, facendo segni di croce e altre preghiere per scacciare lo spirito maligno, ma Colui dal quale mi sentivo posseduta davvero non intendeva affatto andarsene e anzi mi stringeva più forte a sé, dicendo: «Amo l'acqua benedetta e amo così teneramente la croce, che non riesco a fare a meno di stringermi a coloro che la portano con me e per amore mio». Queste parole riaccesero in me il desiderio di soffrire così tanto, che quanto stavo soffrendo mi sembrò di colpo una goccia d'acqua, buona più per accrescere che per acquietare la mia insaziabile sete di sofferenza. Mi pare di poter dire che in quel momento non c'era alcuna parte del mio spirito né del mio corpo che non soffrisse il suo particolare dolore, mentre da nessuna parte ricevevo compassione o conforto. Il demonio mi batteva con furia e avrei avuto mille volte la peggio, se dalla mia parte non ci fosse stata una straordinaria potenza che mi sorreggeva e combatteva per me. La superiora, non sapendo cosa fare, mi ordinò di fare la santa comunione e di chiedere a Nostro Signore, per obbedienza, che mi restituisse il mio precedente stato di salute. Presentandomi, dunque, a Lui come sua vittima d'immolazione, mi disse: «Sì, figlia mia, vengo da te come sommo sacerdote per darti nuova forza, in modo che tu possa dedicarti a nuovi sacrifici». Infatti, così accadde e mi ritrovai così cambiata, che mi pareva di essere una schiava rimessa in libertà. Ma questo non durò a lungo perché ricominciarono a dirmi che l'artefice di tutto quello che mi accadeva era il demonio e che, se non mi fossi guardata dai suoi inganni, mi avrebbe condotta alla perdizione.

78. «Cos'hai da temere?»

Questo fu un terribile colpo per me, che avevo sempre dubitato e temuto d'ingannarmi e d'ingannare, seppure involontariamente, gli altri. Piangevo di continuo e non riuscivo in alcun modo a sottrarmi alla potenza di quello spirito sovrumano che agiva in me; per quanti sforzi facessi, non riuscivo ad allontanarlo o a impedire che agisse in me. Si era talmente impadronito delle mie facoltà spirituali, che mi pareva di ritrovarmi in un abisso, dove più tentavo di uscire e più mi sentivo sprofondare. Usavo a tal fine tutti i mezzi che mi venivano consigliati, ma invano. Talvolta combattevo così tanto, che ne restavo esausta, ma il mio Sovrano si divertiva di ciò e mi rassicurava talmente, che dissipava subito tutti i miei timori, dicendomi: «Cos'hai da temere fra le braccia dell'Onnipotente? Potrebbe mai lasciarti perire abbandonandoti ai tuoi nemici, dopo che sono divenuto tuo padre, tuo maestro e tua guida fin dalla tua più tenera età? Ti ho dato prove continue dell'amorosa tenerezza del mio Cuore divino, lì dove ho fissato la tua dimora attuale ed eterna. Per maggiore sicurezza, dimmi quale prova vuoi più forte del mio amore e te la fornirò. Ma perché combatti contro di me, che sono il tuo solo, vero e unico amico?». Questi rimproveri per la mia diffidenza mi causarono un così grande rimorso e imbarazzo, che mi proposi d'allora innanzi di non contribuire affatto alle prove cui avrebbero sottoposto lo spirito che mi guidava, limitandomi ad accettare umilmente e di buon cuore tutto quanto volevano che facessi.

79. Nuova espressione della sua ripugnanza a scrivere la sua vita

O mio Signore e mio Dio, Voi solo conoscete la pena che soffro facendo questo atto di obbedienza, e la violenza che devo farmi per superare la ripugnanza e l'imbarazzo che provo scrivendo questo racconto. Concedetemi la grazia di morire, piuttosto che inserire qualcosa che non provenga dalla verità del vostro Spirito e che a Voi non dia gloria e a me vergogna. E per misericordia, mio sovrano Bene, vi supplico che non sia mai visto da nessuno, a parte colui che volete che lo esamini, in modo che questo scritto non m'impedisca di rimanere sepolta in un eterno disprezzo e oblio delle creature. O mio Dio, concedete questa consolazione alla vostra schiava povera e meschina! Ed ecco che la mia richiesta ha ricevuto questa risposta: «Lascia che tutto accada secondo i miei voleri e lasciami portare a compimento i miei disegni, senza mai immischiarti, perché mi occuperò io di tutto». Proseguirò dunque per obbedienza, o mio Dio, senza altra pretesa che quella di accontentarvi con questa specie di martirio che soffro nello stendere questo scritto, di cui ogni parola mi pare un sacrificio. Possiate esserne eternamente glorificato! Ecco come mi ha espresso la sua volontà in merito a questo scritto. Poiché mi sono sempre sentita portata ad amare il mio sovrano Signore per il suo stesso amore, non volendo né desiderando altri che Lui solo, non mi sono mai attaccata ai suoi doni, per quanto grandi fossero, e li ho accettati solo perché venivano da Lui. Vi riflettevo il meno possibile, cercando di dimenticare tutto per non ricordare che Lui, al di là del quale tutto il resto non è nulla per me. E quando si è reso necessario compiere quest'obbedienza, credevo che mi fosse impossibile poter parlare di cose accadute tanto tempo fa, ma Lui mi ha dimostrato il contrario. Infatti, per facilitarmi l'impresa, mi fa riprovare in ogni punto lo stesso stato d'animo di cui parlo. Questo mi convince che Lui lo vuole.

80. Nostro Signore le manda il reverendo padre La Colombière

In mezzo a tutte le pene e a tutti i timori che soffrivo, avevo sempre il cuore in una pace inalterabile. Mi fecero parlare con persone esperte in dottrina, le quali, invece di rassicurarmi sul mio percorso, accrebbero ancora di più le mie pene, finché Nostro Signore inviò qui padre La Colombière. Gli avevo già parlato all'inizio, quando il mio sovrano Maestro mi aveva promesso, poco dopo essermi consacrata a Lui, che mi avrebbe mandato un suo servo, al quale voleva che riferissi, secondo l'intelligenza che mi avrebbe concesso, tutti i tesori e i segreti del suo sacro Cuore che mi aveva confidato. Mi aveva detto che me l'avrebbe inviato per rafforzarmi nella sua via e per dividere con questi le grandi grazie del suo sacro Cuore, che avrebbe abbondantemente sparso durante i nostri incontri. Allorché quel sant'uomo era giunto, mentre parlava alla comunità, avevo udito interiormente queste parole: «Ecco colui che ti invio». Me n'ero resa conto subito, durante la prima confessione delle Quattro Tempora, perché, senza che ci fossimo mai visti né parlati prima, si era intrattenuto molto a lungo con me e mi aveva parlato come se avesse capito cosa mi succedeva. Ma quella volta non avevo voluto aprirgli il mio cuore e, avendo lui visto che volevo ritirarmi per paura d'infastidire la comunità, mi aveva chiesto se mi sarebbe stato gradito che venisse a trovarmi un'altra volta per potermi parlare. Il mio carattere timido, che temeva tutti questi contatti, mi aveva indotta a rispondergli che, non stando a me decidere, avrei fatto tutto quanto l'obbedienza mi avrebbe ordinato. Mi ero ritirata dopo un colloquio di circa un'ora e mezza. Di lì a poco, era ritornato e, sebbene sapessi che la volontà di Dio era che gli parlassi, non avevo smesso di provare una spaventosa ripugnanza nel parlargli ed era stata la prima cosa che gli avevo detto. Aveva risposto che era felice di avermi dato occasione di offrire un sacrificio a Dio. Allora, senza pena né sforzo, gli avevo aperto il mio cuore e gli avevo mostrato il fondo della mia anima, sia nel bene sia nel male.

81. Il reverendo padre la rassicura insegnandole a stimare i doni di Dio

Mi diede grandi consolazioni e mi assicurò che non c'era nulla da temere nel comportamento di questo spirito, tanto più che non mi allontanava dall'obbedienza. Mi disse pure che dovevo seguire i suoi moti abbandonandogli tutto il mio essere, per così sacrificarmi e immolarmi a suo piacimento. Ammirando la grande bontà del nostro Dio, che non aveva desistito dinanzi a tanta resistenza, m'insegnò a stimare i doni di Dio e a ricevere con rispetto e umiltà le frequenti comunicazioni e gli incontri con cui mi gratificava, per i quali avrei dovuto rendere continuamente grazie di fronte a una bontà così grande. Gli feci intendere che quel Sovrano della mia anima mi stava sempre così vicino, in ogni tempo e luogo, che non riuscivo a pregare oralmente, sebbene mi facessi grandi violenze, e che restavo talvolta a bocca aperta senza poter pronunciare una sola parola, soprattutto quando si diceva il rosario. Lui allora mi disse che non dovevo farlo più e che mi sarei dovuta accontentare di quel che era obbligatorio, aggiungendovi il rosario allorché mi fosse stato possibile. Avendogli raccontato qualcosa delle carezze più particolari e delle unioni d'amore che ricevevo dall'Amato dell'anima mia, e che qui non descriverò, mi disse che era un buon motivo perché mi umiliassi e perché lui ammirasse la grande misericordia di Dio nei miei confronti. Quella bontà infinita non voleva che ricevessi alcuna consolazione, senza che mi costasse molte umiliazioni, e questo colloquio me ne attirò in gran numero, ma anche il reverendo padre ebbe molto da soffrire a causa mia. Dicevano che volevo raggirarlo con le mie illusioni e ingannarlo come gli altri, ma non se ne addolorò e proseguì a prestarmi il suo soccorso per quel poco che rimase in questa città e anche in seguito. Cento volte mi sono stupita che non mi abbandonasse come gli altri, perché il modo in cui lo trattavo avrebbe respinto chiunque altro, sebbene lui non risparmiasse nulla che potesse umiliarmi e mortificarmi, cosa che mi faceva molto piacere.

82. Il puro amore unisce questi tre cuori per sempre

Una volta che venne a dire la messa nella nostra chiesa, Nostro Signore fece a lui e anche a me una grandissima grazia. Infatti, quando mi avvicinai per riceverlo nella santa comunione, mi mostrò il suo sacro Cuore come un'ardente fornace e due altri cuori che vi si univano e vi affondavano. E mi disse: «È così che il mio puro amore unisce questi tre cuori per sempre». Dopodiché mi fece capire che questa unione era tutta per la gloria del suo sacro Cuore, di cui voleva che rivelassi i tesori, in modo che il reverendo padre ne facesse conoscere e ne divulgasse il vantaggio e l'utilità. Per questo Lui voleva che noi due fossimo come fratello e sorella, dividendoci in misura eguale i beni spirituali. Quando gli mostrai la mia miseria in quel campo e la disparità che c'era tra un uomo di così grande virtù e una povera meschina peccatrice quale io ero, mi disse: «Le ricchezze infinite del mio cuore suppliranno e uguaglieranno tutto. Diglielo semplicemente e senza timore». È quanto feci al nostro primo incontro e il modo umile e riconoscente con cui il reverendo padre accolse il messaggio, insieme a molte altre cose che gli dissi da parte del mio sovrano Maestro e che lo riguardavano, mi toccò molto e mi recò più beneficio di tutte le prediche che avessi potuto ascoltare. Gli dissi pure che Nostro Signore mi concedeva le sue grazie al solo scopo di esserne glorificato in tutte le anime alle quali io le avrei distribuite, nel modo che Lui mi avrebbe fatto sapere di gradire, per parola o per iscritto. Non dovevo, quindi, preoccuparmi di quello che avrei detto o scritto, perché vi avrebbe diffuso l'unzione della sua grazia, così producendo l'effetto che pretendeva in quelli che avrebbero accolto bene il mio messaggio. Tuttavia, io soffrivo molto perché mi ripugnava scrivere e consegnare certi fogli a persone da cui mi venivano tante umiliazioni. Il reverendo padre mi ordinò che, qualunque pena e umiliazione avessi da soffrire, non dovevo mai desistere dal seguire i santi moti di quello spirito, riferendo semplicemente ciò che m'ispirava o, se avessi scritto, consegnando i fogli alla mia superiora, per farne ciò che lei avrebbe ordinato. E questo era quanto facevo.

83. Padre La Colombière le ordina di scrivere ciò che accade in lei

Il reverendo padre mi ordinò anche di scrivere ciò che accadeva in me, cosa per la quale sentivo una ripugnanza mortale. Ma, poiché scrivevo solo per obbedire, subito dopo bruciavo quanto avevo scritto, credendo di avere sufficientemente soddisfatto l'obbedienza. Ne soffrivo molto e mi fecero venire scrupoli e mi proibirono di continuare ad agire così.

84. Testamento redatto da madre Greyfié. Nostro Signore la ricambia con una donazione che lei scrive col suo sangue e firma sul suo cuore a lettere di sangue

Una volta, il mio sovrano Sacrificatore mi chiese di fare a suo favore un testamento scritto o una donazione integrale e senza riserve, come già gli avevo fatto a voce, di tutto ciò che avrei potuto fare e soffrire e di tutte le preghiere e i beni spirituali che fossero stati fatti per me, sia durante la mia vita sia dopo la mia morte.28 Mi fece chiedere alla mia superiora se voleva intervenire in qualità di notaio per quell'atto, dicendomi che Lui l'avrebbe ben ricompensata e che, se lei avesse rifiutato, dovevo rivolgermi al suo servo, il reverendo padre La Colombière. La mia superiora accettò di farlo e io lo presentai all'unico Amore dell'anima mia, che me ne testimoniò un grande piacere e mi disse che ne avrebbe disposto secondo i suoi disegni, a favore di chi avesse scelto. Ma poiché il suo amore mi aveva spogliata di tutto e non voleva che possedessi altre ricchezze che quelle del suo sacro Cuore, me ne fece in quello stesso momento una donazione, ordinandomi di scriverla col mio sangue, sotto dettatura. Poi la firmai sul mio cuore con un temperino, incidendo il suo sacro nome di Gesù. Dopodiché mi disse che si sarebbe preso cura di ricompensare al centuplo tutto il bene che mi venisse fatto, come se fosse stato fatto a Lui, perché io non avevo più nulla da pretendere. Come ricompensa a chi aveva redatto il testamento in suo favore, voleva dare la stessa che aveva dato a santa Chiara da Montefalco, e che per questo avrebbe aggiunto alle azioni della mia superiora i meriti infiniti delle sue. Inoltre, con l'amore del suo sacro Cuore le avrebbe fatto meritare la stessa corona. Questo mi diede una grande consolazione, perché l'amavo molto dal momento che nutriva abbondantemente la mia anima col pane delizioso della mortificazione e dell'umiliazione, così gradito al mio sovrano Maestro, avrei voluto che tutti potessero procurarsene. Il mio Dio mi faceva anche questa grazia di non farmi mai mancare quel cibo e la mia vita trascorreva sempre in mezzo alle sofferenze del corpo, sia per le mie continue infermità sia per altri motivi. Il mio spirito soffriva di derelizioni e scoramenti e perché vedeva offendere Dio, il quale con la sua bontà mi sosteneva sempre, sia fra le persecuzioni, i contrasti e le umiliazioni che mi venivano dagli uomini, sia fra le tentazioni del demonio, che mi ha molto tormentata e perseguitata. Ma non sono da sottovalutare neppure le lotte con me stessa, perché sono stata il più crudele nemico da combattere e il più difficile da vincere.

85. Tutto diviene umiliazione, senza che possa cercare conforto se non in Nostro Signore

Mentre accadevano tutte queste cose, non cessavano di gravarmi d'incombenze e faccende esteriori finché riuscivo a sopportarne. Oltre alle pene che già pativo, se ne aggiungeva un'altra, perché credevo che tutte le creature avessero orrore di me e non riuscissero a sopportarmi, visto che neppure io riuscivo a sopportare me stessa. Tutto questo mi procurava una pena continua nel conversare col prossimo e non avevo altro soccorso né rimedio che l'amore per la mia abiezione, in cui sprofondavo sempre più e non senza motivo, perché tutto si trasformava in umiliazione, anche le minime azioni, e mi guardavano come una visionaria, con la testa piena d'illusioni e fantasticherie. E intanto non mi era permesso ricercare il minimo sollievo o conforto alle mie pene, perché il mio divino Maestro me lo proibiva. Infatti, voleva che soffrissi tutto in silenzio e mi aveva dato questo motto: «Voglio soffrire senza lamenti Perché il mio puro amore Mi vieta ogni timore». Voleva che mi aspettassi tutto da Lui e, se accadeva che volevo procurarmi qualche conforto, mi faceva trovare solo desolazione e ulteriori tormenti. Questa l'ho sempre considerata una delle grazie più grandi che Dio mi abbia fatto, insieme a quella di non liberarmi mai del prezioso tesoro della Croce, nonostante il cattivo uso che ne ho sempre fatto e che mi rendeva indegna di tanto bene. Per Lui mi sarei voluta sciogliere d'amore, di gratitudine e di ringraziamenti nei confronti del mio Liberatore. Era con questi sentimenti e in mezzo alle delizie della Croce che dicevo: «Cosa darò al Signore in cambio del grande bene che mi ha fatto? O mio Dio, quant'è grande la vostra bontà nei miei confronti! Volete farmi mangiare seduta alla tavola dei santi le stesse carni con cui li avete nutriti, me, che sono solo una miserabile peccatrice, indegna del delizioso cibo dei vostri cari e più fedeli amici».

86. «Senza il santo Sacramento e la Croce non potrei vivere». Una copia perfetta di Gesù crocifisso

«Inoltre Voi sapete che, senza il santo Sacramento e la Croce, non potrei vivere né sopportare il protrarsi del mio esilio in questa valle di lacrime, dove non ho mai desiderato che le mie sofferenze diminuissero». Infatti, più il mio corpo ne era sfiancato e più il mio spirito provava gioia e riusciva a unirsi al mio Gesù sofferente, non avendo desiderio più intenso che divenire un'autentica e perfetta copia e rappresentazione del mio Gesù crocifisso. Mi rallegravo quando la sua sovrana bontà impiegava una moltitudine di operai per lavorare secondo i suoi ordini al compimento di quest'opera. E quel Sovrano non si allontanava dalla sua indegna vittima, di cui conosceva bene la debolezza e l'impotenza nel fare qualcosa di buono, e talvolta mi diceva: «Ti faccio l'onore, figlia cara, di servirmi di strumenti così nobili per crocifiggerti. Il mio Padre eterno mi mise nelle mani crudeli di boia senza pietà, che mi avrebbero crocifisso, e a tal fine io mi servo per ciò che ti concerne di persone che mi sono devote e consacrate. A costoro ti ho consegnata e, affinché si salvino, voglio che tu mi offra tutto ciò che ti faranno soffrire». Io lo facevo con tutto il cuore, offrendomi sempre di portare il peso del castigo per le offese fatte a Dio a causa mia, sebbene, a dire il vero, non credessi che si poteva commettere alcuna ingiustizia facendomi soffrire, dal momento che non era possibile farmi soffrire quanto meritavo. Confesso che mi rende così felice parlare della gioia della sofferenza che scriverei volumi interi senza poter esaurire mio desiderio, e che il mio amor proprio trova grande soddisfazione in questo genere di discorsi.

87. Trascorre cinquanta giorni senza bere in onore della sete di Nostro Signore sulla croce

Una volta, il mio Sovrano mi fece capire che voleva che mi ritirassi in solitudine, non in quella del deserto come aveva fatto Lui, ma in quella del suo sacro Cuore, dove voleva onorarmi con i suoi più familiari incontri, come un amante fa con la sua amata. Lì mi avrebbe dato nuovi insegnamenti sulle sue volontà e mi avrebbe dato anche nuove forze per portarle a compimento, perché avrei dovuto combattere fino alla morte e sostenere ancora attacchi di molti e potenti nemici. Per questo mi chiedeva che, per onorare il suo digiuno nel deserto, trascorressi cinquanta giorni a pane e acqua. L'obbedienza non me lo volle permettere, per timore di farmi apparire stravagante, e Lui mi fece capire che gli sarebbe stato comunque gradito che trascorressi cinquanta giorni senza bere, in onore della sete ardente che aveva sempre sopportato per la salvezza dei peccatori e quella che il suo sacro Cuore aveva sempre patito sull'albero della Croce. Mi venne permessa questa penitenza, che mi parve più dura dell'altra, considerata la grande arsura da cui ero sempre tormentata, che mi costringeva a bere spesso grandi tazze d'acqua per dissetarmi.

88. È tormentata dalla disperazione, dall'orgoglio e dalla gola

Soffrivo in quel periodo per le dure lotte contro il demonio, che mi tentava soprattutto sul fronte della disperazione, mostrandomi che una creatura cattiva come me non poteva pretendere un posto in paradiso, perché già qui in terra non ne avevo nell'amore del mio Dio, di cui sarei quindi stata privata per l'eternità. Questo mi faceva versare torrenti di lacrime. Altre volte mi tentava con la vanagloria e poi con quell'abominevole peccato della gola. Mi faceva sentire una fame spaventosa e poi mi mostrava tutto quanto è più idoneo a soddisfare il palato. E questo accadeva durante i miei esercizi, il che era per me un tormento indicibile. Questa fame mi durava finché entravo in refettorio, del quale provavo subito un tale disgusto, che dovevo farmi grande violenza per mangiare un po'. Non appena mi alzavo da tavola, la fame ricominciava più violenta di prima. La mia superiora, cui non nascondevo nulla di quanto accadeva in me, per via della grande paura che ho sempre avuto di essere ingannata, mi ordinò di andarle a chiedere da mangiare quando ero attanagliata dai morsi della fame. Lo facevo con grandi sforzi, a causa del grande imbarazzo che provavo. E la superiora, invece di mandarmi a mangiare, mi mortificava e mi umiliava molto, dicendomi che dovevo tenermi la fame per saziarla quando le altre andavano al refettorio. Poi mi ritrovavo in pace con la mia sofferenza. Una volta, non mi lasciarono terminare la penitenza della sete e, dopo che ebbi obbedito, mi consentirono di ricominciare. Trascorsi così cinquanta giorni senza bere, come facevo ogni venerdì. Ero del pari contenta sia che mi accordassero sia che mi rifiutassero ciò che chiedevo; mi bastava obbedire.

89. Particolare tentazione un giorno in cui occupa il posto del re davanti al santo Sacramento

Il mio persecutore non cessava di tentarmi con ogni mezzo, ma non con l'impurità, perché il mio divino Maestro gliel'aveva proibito, anche se una volta mi fece soffrire pene spaventose, che ora dirò. Fu una volta in cui la mia superiora mi disse: «Va' a occupare il posto del re davanti al santo Sacramento». Ci andai e mi sentii così fortemente aggredita da abominevoli tentazioni d'impurità, che mi pareva di essere già all'inferno. Sopportai questa pena per molte ore e durò finché la superiora non mi liberò da quell'obbedienza, dicendomi di non occupare più il posto del re davanti al santo Sacramento, bensì quello di una buona religiosa della Visitazione. Immediatamente le mie pene cessarono. Mi ritrovai immersa in un diluvio di consolazioni, durante il quale il mio Sovrano m'insegnò quel che voleva da me.

90. Trova ovunque te amarezze del Calvario

Voleva pure che fossi un continuo atto di sacrificio e, a tal fine, avrebbe accresciuto la mia sensibilità e le mie ripugnanze, in modo che non facessi nulla senza dolore e senza fare violenza a me stessa, per così darmi motivo di vittoria anche nelle cose minori e poco importanti. Posso assicurare che d'allora innanzi ho provato tutte queste cose.

Inoltre, Lui voleva che assaporassi dolcezze solo nelle pene del Calvario e mi avrebbe fatto trovare un martirio di sofferenza in tutto ciò che potevano procurare la gioia, il piacere e la felicità terrena degli altri. Questo me l'ha fatto provare in maniera intensa, perché tutto quanto si chiama piacere è divenuto per me un supplizio. Infatti, anche durante i piccoli svaghi che ogni tanto ci concediamo, soffrivo più che se mi fossi ritrovata negli ardori d'una febbre violentissima, ma Lui voleva che me ne concedessi come chiunque altra. Questo mi spingeva a dirgli: «Mio sovrano Bene, quanto mi costa caro questo piacere!». Il refettorio e il letto erano per me tali luoghi di pena, che solo ad avvicinarmi gemevo e versavo lacrime. Il lavoro esterno e il parlatorio mi erano insopportabili e non ricordo di esserci mai andata senza una ripugnanza che riuscivo a superare solo facendomi una grande violenza. M'inginocchiavo per chiedere a Dio la forza di vincermi. Anche lo scrivere era un martirio, non solo perché scrivevo in ginocchio, ma anche per il dolore che me ne veniva. La stima, le lodi e i plausi mi facevano soffrire più di quanto tutte le umiliazioni, il disprezzo e le abiezioni avrebbero fatto soffrire le persone più vane e ambiziose di onori. In quelle circostanze finivo per dire: «O mio Dio, scatenate tutte le furie dell'inferno contro di me, piuttosto che le lingue degli uomini, piene di vane lodi, di adulazione e di plausi. Preferisco che si riversino su di me tutte le umiliazioni, i dolori, i contrasti e le vergogne».

91. Nostro Signore vuole che accolga tutto come se provenisse da Lui e che si occupi solo di Lui

Quanto alla sofferenza, Lui me ne dava una sete insaziabile, anche se in certe occasioni me ne faceva provare di molto forti, al punto che talvolta non potevo impedirmi di darlo a vedere. Questo mi era insopportabile, perché mi sentivo poco umile e mortificata quando non riuscivo a soffrire senza che trasparisse all'esterno. Tutta la mia consolazione era nel ricorrere all'amore che avevo per la mia abiezione e che mi faceva rendere grazie al mio Sovrano, dal momento che mi faceva apparire qual ero, così annientandomi nella stima degli altri. Inoltre, voleva che accogliessi ogni cosa come se venisse da Lui, senza procurarmi nulla da sola, e che abbandonassi tutto a Lui, senza disporre di nulla. Dovevo rendergli grazie delle sofferenze come dei piaceri e, nelle occasioni più dolorose e umilianti, pensare che me lo meritavo, così come offrire il dolore che pativo per le persone che me lo infliggevano. E, ancora, dovevo parlare di Lui sempre con grande rispetto, e del prossimo con stima e pietà, ma mai di me stessa, se non brevemente e con disprezzo, tranne quando, per la sua gloria, mi avrebbe chiesto di fare altrimenti. Del pari, dovevo attribuire sempre tutto il bene e tutta la gloria alla sua sovrana Grandezza, e a me tutto il male. Non dovevo cercare alcuna consolazione al di fuori di Lui e, quando me ne avesse data, dovevo sacrificargliela rinunciandovi. Infine, dovevo non tenere a nulla, essere vuota e spogliata di tutto, non amare altri che Lui, in Lui e per amore di Lui, non contemplare che Lui in ogni cosa e gli interessi della sua gloria in un perfetto oblio di me stessa. E sebbene dovessi compiere ogni mia azione per Lui, voleva che in ognuna ci fosse direttamente qualcosa per il suo divino Cuore. Per esempio, durante la ricreazione bisognava che gli dessi la sua ricreazione, fatta di dolori, di mortificazioni e tutto quanto avrebbe procurato di non farmi mancare e che, per questo motivo, dovevo ricevere con piacere. Allo stesso modo in refettorio voleva che lo invitassi a pranzo sacrificandogli quel che più mi piaceva, e così voleva facessi per tutti gli altri miei atti. Inoltre, mi proibiva di giudicare, accusare e condannare altri che me stessa. Mi diede ancora molti precetti e, poiché la loro quantità mi stupiva, mi disse che non dovevo temere nulla, perché Lui era un buon Maestro, tanto potente da farmi mettere in pratica ciò che m'insegnava, e tanto sapiente da saper bene insegnare e guidare. Posso assicurare che, nonostante le mie ripugnanze naturali, mi faceva fare quello che voleva.

92. La grande rivelazione del culto del sacro Cuore

Una volta, in un giorno dell'ottava, mentre ero davanti al santo Sacramento, ricevetti dal mio Dio grazie straordinarie del suo amore e mi sentii toccata dal desiderio di ricambiarlo in qualche modo e di rendergli amore per amore. Lui mi disse: «Non puoi darmi amore più grande che fare quanto già tante volte ti ho chiesto». Allora, rivelandomi il suo Cuore divino, aggiunse: «Ecco questo Cuore che ha tanto amato gli uomini, che non si è mai risparmiato, fino a spossarsi e a consumarsi al fine di testimoniar loro il suo amore. Per riconoscenza ricevo dalla maggior parte degli uomini solo ingratitudini, irriverenze e sacrilegi, insieme alla freddezza e al disprezzo che mi usano in questo sacramento d'amore. Ma ciò che mi è ancora più doloroso è che, a trattarmi così, siano cuori che mi sono consacrati. Perciò ti chiedo che il primo venerdì dopo l'ottava del santo Sacramento sia dedicato a una festa particolare per onorare il mio Cuore. In quel giorno ti comunicherai e gli tributerai un'ammenda d'onore, per riparare le indegnità che ha ricevuto durante il periodo in cui è stato esposto sugli altari. Ti prometto pure che il mio Cuore si dilaterà e spargerà in abbondanza gli influssi del suo divino amore su quelli che gli tributeranno quest'onore e faranno si che gli venga tributato».

93. Deve rivolgersi a padre La Colombière per realizzare quel progetto

Avendogli risposto che non sapevo come fare quanto da molto tempo desiderava che facessi, mi disse di rivolgermi al servo che mi aveva inviato per realizzare questo progetto. Lo feci e quegli mi ordinò di mettere per iscritto ciò che gli avevo detto a proposito del sacro Cuore di Gesù Cristo e di molte altre cose che riguardavano la gloria di Dio. E il Signore mi fece trovare molta consolazione in quel sant'uomo, sia perché m'insegnò a conformarmi ai disegni divini, sia perché mi rassicurò in merito al grande timore di essermi ingannata, che mi faceva gemere senza tregua. Quando il Signore lo portò via da questa città per impiegarlo nella conversione degli infedeli, ne accettai il dolore con totale sottomissione alla volontà di Dio, che, in quel poco tempo che era rimasto qui, me l'aveva reso così utile. E quando ci pensai, mi fece subito questo rimprovero: «Come! Non ti basto io, che sono il tuo principio e la tua fine?». Non ebbi bisogno d'altro per abbandonarmi tutta a Lui, perché ero sicura che avrebbe badato a farmi avere tutto ciò di cui avessi avuto bisogno.

94. La festa di santa Margherita

Non trovavo ancora alcun mezzo per far sbocciare la devozione al sacro Cuore, che per me era come l'aria che respiravo; ed ecco la prima occasione che la sua bontà mi forni. Santa Margherita cadeva di venerdì e io pregai le novizie, di cui mi occupavo in quel periodo, che tutti i piccoli omaggi che avevano in mente di farmi in occasione della mia festa, li facessero al sacro Cuore di Nostro Signore Gesù Cristo. Lo fecero assai volentieri, preparando un piccolo altare, sul quale posero una piccola immagine di carta disegnata a penna cui tributammo tutti gli omaggi che quel Cuore divino ci suggeri. Questo attirò su di me e anche su di loro molte reprimende, contrasti e mortificazioni e fui accusata di voler introdurre una nuova devozione.

95. La piccola festa del noviziato suscita contrasti

Tutte queste sofferenze mi erano di grande conforto e non temevo nulla, tranne che quel Cuore divino venisse disonorato. Per questo, tutto quello che in merito sentii dire era come una spada che mi trafiggeva il cuore. Infatti, mi fu impedito di mettere in mostra ogni immagine di quel sacro Cuore e tutto ciò che mi permisero fu rendergli qualche onore segreto. Non sapevo a chi rivolgermi nella mia afflizione, tranne che a Lui, il quale sorreggeva sempre il mio coraggio e mi diceva di continuo: «Non temere, regnerò malgrado i miei nemici e chiunque cercherà di opporsi». Questo mi consolava molto, perché non desideravo altro che vederlo regnare. Affidai, quindi, a Lui la cura di difendere la sua causa, mentre io avrei sofferto in silenzio.

96. Persecuzioni in occasione del rinvio della pretendente di Chamron

Si levarono contro di me tante altre persecuzioni, che mi pareva che tutto l'inferno si fosse scatenato contro di me e che tutto cospirasse per annientarmi. Tuttavia, confesso che mai ho goduto di una pace maggiore dentro me, né mai avevo provato tanta gioia, come quando minacciarono di mandarmi in prigione e di farmi comparire davanti a un principe della terra, a imitazione del mio buon Maestro, come oggetto di scherno e come una visionaria che s'intestardiva nelle sue vane illusioni. Non racconto questo per far credere che ho sofferto molto, ma piuttosto per rivelare le grandi misericordie del mio Dio nei miei confronti. Io non stimavo né amavo nulla quanto la parte della sua Croce che Lui mi dava, e che per me era un cibo così delizioso, che mai mi veniva a noia.

97. Il suo ardente desiderio per la comunione le vale un'incomparabile parola di Nostro Signore che la inebria d'amore e di riconoscenza

Se fossi stata libera di comunicarmi spesso, avrei avuto il cuore pieno di gioia. Una volta che lo desideravo ardentemente, il mio divino Maestro si presentò a me mentre ero incaricata di spazzare, e mi disse: «Figlia mia, ho udito i tuoi gemiti e i desideri del tuo cuore mi piacciono tanto, che, se non avessi istituito il mio divino sacramento d'amore, lo istituirei per amore tuo, per così avere il piacere di abitare nella tua anima e riposarmi amorosamente nel tuo cuore». Fui penetrata da un ardore tanto intenso, che sentivo la mia anima piena di trasporto, al punto da non potermi esprimere che con queste parole: «O Amore! O eccesso d'amore di un Dio verso una creatura così miserabile!». E per tutta la vita questo è stato un pungolo per spingermi alla riconoscenza nei confronti di quel puro amore.

98. Dà sollievo all'anima sofferente di un benedettino

Un'altra volta, mentre ero davanti al santo Sacramento nel giorno della sua festa, d'improvviso mi si presentò davanti una persona tutta avvolta da un fuoco, i cui ardori mi penetrarono così forte, che mi parve di bruciare insieme a questo. l'e sue condizioni pietose mi fecero capire che si trovava in purgatorio e versai molte lacrime per lei. Mi disse che era un benedettino che una volta aveva ricevuto la mia confessione e mi aveva ordinato di fare la santa comunione,in virtù della quale Dio gli aveva permesso di rivolgersi a me per trovare sollievo alle sue pene. Mi chiese di offrirgli tutto ciò che avessi potuto fare e soffrire per tre mesi e io gliel'accordai subito, dopo avere ottenuto il permesso dalla mia superiora. Lui mi disse ancora che il motivo delle sue così grandi sofferenze era aver preferito il suo interesse alla gloria di Dio, attaccandosi troppo alla propria reputazione. Il secondo motivo era la mancanza di carità nei confronti dei suoi fratelli; e il terzo l'eccessivo affetto naturale che aveva nutrito per le creature durante gli incontri spirituali, cosa che a Dio dispiaceva molto. Mi sarebbe assai difficile esprimere quanto dovetti soffrire in quei tre mesi. Lui non mi allontanava mai e dalla sua parte era come se bruciassi anch'io, con dolori così vivi da gemere e piangere quasi continuamente. La mia superiora, mossa da compassione, mi ordinava buone penitenze, soprattutto discipline, perché le pene e le sofferenze esteriori, che mi venivano permesse per carità, davano molto sollievo alle altre, che quella Santità d'Amore imprimeva in me come un piccolo assaggio di quelle che faceva patire a quelle povere anime. In capo a tre mesi, vidi il benedettino in tutt'altro modo, perché, ricolmo di gioia e di gloria, andava a godersi la felicità eterna. Ringraziandomi, mi disse che mi avrebbe protetta davanti a Dio. In quei tre mesi, mi ero ammalata, ma poiché la mia sofferenza cessò insieme alla sua, guarii presto.

99. Nostro Signore le fa patire le pene di un anima minacciata dal castigo

Il mio Sovrano mi aveva fatto sapere che, quando avesse deciso di abbandonare a se stessa qualche anima per cui voleva che soffrissi, mi avrebbe fatto provare lo stato di un'anima riprovata e la desolazione in cui si trova nel momento della morte. Non ho mai provato nulla di così terribile e non saprei come raccontarlo. Una volta, mentre lavoravo da sola, mi apparve una monaca, all'epoca ancora viva, e mi venne detto in modo intelligibile: «Ecco questa religiosa solo di nome, che sono pronto a scacciare dal mio cuore e ad abbandonare a se stessa». Al contempo fui presa da un tale terrore, che, essendomi prosternata con la faccia a terra, così rimasi a lungo, incapace di rialzarmi. Allora, promisi alla Giustizia divina che avrei sofferto tutto ciò che avesse voluto, purché non l'abbandonasse. Ed essendosi la sua giusta collera rivolta verso di me, mi parve di trovarmi in una spaventosa angoscia e nella desolazione; mi sentivo un peso enorme sulla schiena. Se alzavo gli occhi, vedevo un Dio adirato con me e armato di verghe e frusta, pronto a colpirmi; inoltre, mi pareva di vedere l'inferno aperto per inghiottirmi. Io mi sentivo dentro come in rivolta e in confusione, perché il mio nemico mi assediava da ogni lato con violente tentazioni, soprattutto di disperazione, e fuggivo ovunque il mio persecutore, senza riuscire a sottrarmi al suo sguardo. Non c'è tormento cui non mi sarei abbandonata pur di sfuggirgli. Mi vergognavo moltissimo, perché pensavo che le mie pene fossero note a tutti. Non potevo neanche pregare né esprimere le mie pene, se non con le lacrime, limitandomi a dire: «Ah! Com'è terribile cadere nelle mani di un Dio vivente». Altre volte, gettandomi di faccia a terra, dicevo: «Colpite, mio Dio, tagliate, bruciate e consumate tutto ciò che non vi piace e non risparmiate il mio corpo né la mia vita, né la mia carne, né il mio sangue, purché salviate per l'eternità quest'anima». Confesso che non avrei potuto reggere a lungo uno stato così doloroso, se la sua amorosa misericordia non mi avesse sorretta sotto i rigori della sua giustizia. Fu così che mi ammalai e faticavo a riprendermi.

100. Si offre di portare il peso della collera di Dio per le anime colpevoli

Lui mi ha spesso fatto provare queste situazioni dolorose, in mezzo alle quali, una volta che mi aveva mostrato i castighi con cui voleva punire certe anime, mi gettai ai suoi sacri piedi, dicendo: «O mio Salvatore, sfogate su di me tutta la vostra collera, cancellatemi dal libro della vita, piuttosto che perdere quelle anime che vi sono costate così care». Mi rispose: «Non ti amano e non cesseranno di affliggerti». «Non importa, mio Dio! Purché vi amino, non smetterò di pregarvi di perdonarle». «Lasciami fare; non le sopporto più». E, abbracciandolo più forte, aggiunsi: «No, mio Signore, non vi lascerò finché non le avrete perdonate». E Lui mi diceva: «Lo farò, se tu accetterai di rispondere in loro vece». «Si mio Dio, ma vi pagherò con i vostri stessi beni, che sono i tesori del vostro sacro Cuore». E di questo si accontentò.

101. Il concerto dei Serafini, i suoi «soci divini»

Una volta, mentre lavoravo con le altre alla canapa, mi ritirai in un piccolo cortile vicino al santo Sacramento, dove facendo il mio lavoro in ginocchio mi sentii subito cadere in un grande raccoglimento, sia esteriore sia interiore, e al contempo mi apparve l'amabile Cuore del mio Gesù, più risplendente del sole. Era in mezzo alle fiamme del suo puro amore, circondato da Serafini che cantavano una dolcissima melodia: «L'amore trionfa, l'amore gode, L'amore del sacro Cuore dà gioia». E quando quegli spiriti beati m'invitarono a unirmi a loro nelle lodi di quel Cuore divino, non osavo farlo. Mi rimproverarono e mi dissero che erano venuti allo scopo «di associarsi a me per rendergli perenne omaggio d'amore, adorazione e lode, e che per questo avrebbero preso il mio posto davanti al santo Sacramento. Così io avrei potuto amarlo senza interruzioni, grazie alla loro intercessione, e che pure loro avrebbero partecipato al mio amore, soffrendo nella mia persona come io avrei goduto nella loro». E intanto scrissero questa nostra associazione nel sacro Cuore a lettere d'oro e con i caratteri ineffabili dell'amore. Questo durò circa due o tre ore, ma ne ho risentito effetti per tutta la vita, sia per il soccorso che ne ho ricevuto, sia per le soavità che questo aveva prodotto e produceva in me, al punto che ne rimasi come sommersa e smarrita. Nelle mie preghiere, li chiamavo solo miei soci divini.

Questa grazia mi diede un tale desiderio di purezza d'intenzioni e una tale idea di quanta ce ne vuole per conversare con Dio, che tutto il resto al confronto mi pareva impuro.

102. Ottiene con un doloroso sacrificio la grazia per la giovane monaca di Senecé

Un'altra volta, una delle nostre sorelle cadde in un sonno letargico,34 senza speranza che le si potessero impartire gli ultimi sacramenti. La comunità ne era molto addolorata, soprattutto la madre superiora, che mi ordinò di promettere a Nostro Signore tutto quanto avesse voluto pur di ottenere la grazia. Non ebbi neanche il tempo di eseguire quest'ordine, che già il Sovrano della mia anima mi promise che quella monaca non sarebbe morta senza ricevere le grazie che giustamente desideravamo ricevesse, a patto che gli promettessi tre cose che voleva assolutamente da me: la prima era che mai rifiutassi alcun incarico nella vita religiosa; la seconda, che mai rifiutassi di recarmi in parlatorio; e la terza, che mai rifiutassi di scrivere. A questa richiesta confesso che tutto il mio essere fremette per la grande ripugnanza e avversione che provavo. E risposi: «O mio Signore, Voi mi prendete per il mio lato debole, ma chiederò il permesso». La superiora me lo accordò subito, nonostante la grande pena che me ne sarebbe venuta, e mi fece fare una promessa in forma di voto, affinché non potessi più sciogliermene. Ma, ahimè, quante infedeltà ho commesso, perché non mi fu tolta la ripugnanza che provavo e che è durata tutta la mia vita, ma quella monaca ricevette i sacramenti.

103. Il santo Nome di Gesù Cristo sul suo cuore

Per mostrare fin dove si spingeva la mia infedeltà in mezzo a questi grandi favori, dirò che una volta, sentendo in me un gran desiderio di andare in ritiro e di prepararmi con qualche giorno d'anticipo, volli per la seconda volta incidere il santo nome di Gesù sul mio cuore. Ma mi si formarono delle piaghe. Lo dissi alla mia superiora alla vigilia del giorno in cui dovevo ritirarmi in solitudine, e lei mi rispose che bisognava metterci qualche medicamento, per evitare che me ne venisse qualche pericolosa infezione. Allora me ne lamentai con Nostro Signore: «O mio unico amore, sopporterete che altri vedano il male che mi sono fatta per amore vostro? Non siete così potente da guarirmi, Voi che siete il sovrano rimedio a ogni male?». Infine, toccato dalla pena che provavo all'idea di rendere nota la cosa, Lui mi promise che l'indomani sarei guarita; e così accadde. Non avendolo potuto dire alla superiora perché non ero riuscita a incontrarla, lei m'inviò un biglietto in cui mi diceva di mostrare il mio male alla monaca che lo recava, la quale vi avrebbe posto rimedio. Poiché ero guarita, credetti di essere dispensata dall'obbedire, almeno finché non l'avessi detto alla superiora. A tal fine andai a trovarla e le dissi che non avevo fatto quanto mi era stato indicato nel messaggio, dal momento che ero guarita. Mio Dio, come fui trattata severamente per quel ritardo nell'obbedire, sia dalla superiora sia dal mio sovrano Maestro! Questi mi relegò sotto i suoi sacri piedi e vi rimasi circa cinque giorni, senza fare altro che piangere sulla mia disobbedienza, chiedendogli perdono con continue penitenze. Quanto alla mia superiora, mi maltrattò senza pietà e, seguendo ciò che Nostro Signore le ispirava, mi proibì la santa comunione, che era il supplizio più duro che potessi soffrire nella vita, e avrei mille volte preferito essere condannata a morte. Inoltre, mi fece mostrare la mia ferita alla monaca, che, trovandola guarita, non fece nulla. E tutto questo mi causò una grande vergogna. Ma tutto questo era ancora nulla, perché non c era tormento che non volessi soffrire per il dolore di aver dispiaciuto al mio Sovrano. Questi, dopo avermi mostrato quanto gli era sgradita la benché minima mancanza d'obbedienza in un'anima religiosa, e dopo avermene fatto provare la pena, venne infine Lui stesso ad asciugare le mie lacrime e a ridare vita alla mia anima negli ultimi giorni del ritiro. Ma il dolore non cessò, nonostante tutte le dolcezze e le carezze che mi fece, e mi bastava pensare che gli avevo causato dispiacere per sciogliermi in lacrime. Infatti, mi fece capire talmente bene cos'è l'obbedienza in un'anima religiosa, che confesso che sino allora non l'avevo capito, ma è troppo lungo da spiegare. Mi disse che, per punire il mio errore, quel nome sacro, che avevo inciso in memoria di quanto Lui aveva sofferto assumendo il sacro nome di Gesù, non solo si sarebbe cancellato, ma la stessa sorte avrebbero subito anche i precedenti, che erano ancora ben visibili. Posso dire che il mio fu un autentico ritiro di dolore.

104. Madre Greyfié le fa chiedere cinque mesi di salute come prova che è davvero lo Spirito di Dio a guidarla

Poiché le mie infermità erano così continue, che non mi abbandonavano mai per più di quattro giorni di seguito, una volta che ero molto malata e quasi non riuscivo a parlare, la superiora venne a trovarmi al mattino e mi consegnò un bigliettino, dicendomi di fare ciò che vi era scritto. Voleva assicurarsi che tutto quanto avveniva in me provenisse dallo Spirito di Dio. Se era così, Lui avrebbe dovuto concedermi piena salute per cinque mesi, senza che avessi bisogno di alcun sollievo durante tutto quel periodo. Se invece era lo spirito del demonio o della natura, sarei rimasta in quelle stesse condizioni. È impossibile dire quanto quel biglietto mi fece soffrire, tanto più che il suo contenuto mi era stato reso noto prima che lo leggessi. Mi fece uscire dall'infermeria con parole che Nostro Signore le ispirava affinché fossero più dolorose e mortificanti per il mio carattere. Presentai dunque quel biglietto al mio Sovrano, il quale non ne ignorava il contenuto, e Lui mi rispose: «Ti prometto, figlia mia, che, per provare che è lo spirito buono a guidarti, avrei accordato tanti anni di salute quanti sono i mesi che la tua superiora chiede e anche ogni altra assicurazione avesse voluto chiedermi». E all'elevazione del santo Sacramento, sentii in modo chiaro che tutte le mie infermità mi venivano tolte, come un vestito da cui venissi spogliata e che venisse riposto. Mi ritrovai con la stessa forza e la stessa salute di una persona molto robusta, che non è stata malata da molto tempo, e trascorsi in queste condizioni il tempo richiesto, trascorso il quale mi ritrovai come prima.

105. Madre Greyfié la fa uscire dall'infermeria nonostante la febbre, per mandarla in ritiro. Nostro Signore la guarisce

Una volta che avevo la febbre, la superiora mi fece uscire dall'infermeria per mandarmi in ritiro, visto che era il mio turno, e mi disse: «Vai, ti lascio alle cure di Nostro Signore Gesù Cristo. Che ti diriga, ti governi e ti guarisca secondo la sua volontà». Ora, sebbene ciò mi sorprendesse un po' dal momento che tremavo di febbre, me ne andai comunque contenta di obbedire, sia per ritrovarmi abbandonata alle cure del mio buon Maestro, sia per avere occasione di soffrire per amor suo. Infatti, mi era indifferente come mi avrebbe fatto passare il ritiro, nella sofferenza o nella gioia. «Mi va bene tutto, purché ne sia contento e io possa amarlo», dicevo. Ma non appena mi fui appartata con Lui, si presentò a me, che ero coricata per terra, tutta intirizzita per il freddo e il dolore, e mi fece alzare prodigandomi mille carezze e dicendomi: «Finalmente sei tutta per me e affidata alle mie cure. Voglio restituirti in salute a chi ti ha consegnata malata nelle mie mani». E mi restituì una salute così perfetta, che non pareva proprio che fossi stata malata. Di ciò si stupirono molto e in particolare la mia superiora, la quale sapeva ciò che era successo.

106. In ritiro assapora deliziose gioie ed esercita su se stessa i rigori più duri. Nostro Signore la ferma nei suoi eccessi di penitenza

Non ho mai fatto un ritiro così pieno di gioia e delizie, credendomi in paradiso per via dei continui favori, delle carezze e delle intimità col mio Signore Gesù Cristo, con la sua santissima Madre, col mio santo Angelo custode e col mio beato padre san Francesco di Sales. Non descriverò qui in dettaglio le grazie particolari che ricevetti, perché sarebbe troppo lungo. Dirò solo che il mio amabile Direttore, per consolarmi del dolore che mi aveva causato con la cancellazione del suo nome sacro e adorabile dal mio cuore, dopo che l'avevo inciso con tanto dolore, volle Lui stesso stamparmelo dentro e scriverlo fuori, col sigillo e il bulino infuocato del suo puro amore. Così mi diede mille volte più gioia e conforto che l'altra volta, quando mi aveva provocato dolore e afflizione. Dal momento che mi mancava solo la Croce, senza la quale non potevo vivere né assaporare alcun piacere celeste o divino, perché tutte le mie delizie consistevano nel vedermi conforme al mio Gesù sofferente, non pensai ad altro che a riversare sul mio corpo tutti i rigori permessi dalla libertà in cui mi ritrovavo. E, in effetti, me ne procurai molti, sia con penitenze sia col vitto e col dormire, essendomi preparata un letto di cocci su cui mi concavo con estremo piacere, sebbene la mia natura si ribellasse. Ma era invano, perché non le davo retta. Volevo fare una certa penitenza, di cui avevo grande voglia per via del suo rigore, e pensavo di poter così vendicare su di me le ingiurie che Nostro Signore riceve nel santissimo Sacramento, sia da me, miserabile peccatrice, sia da tutti quelli che lo disonorano. Ma il mio sovrano Maestro, quando stavo per compiere il mio progetto, mi proibì di continuare, dicendomi che voleva restituirmi in buona salute alla superiora, la quale mi aveva affidata alle sue cure. Lui avrebbe gradito il sacrificio del mio desiderio piuttosto che il suo compimento, perché, essendo spirito, voleva anche sacrifici dello spirito. Mi sottomisi contenta.

107. Le posa sulla testa una corona di spine

Una volta che mi recavo alla santa comunione, l'ostia santa mi parve risplendente come un sole, di cui non riuscivo a sostenere il bagliore. Lì in mezzo, Nostro Signore teneva una corona di spine, che mi posò sulla testa dicendomi: «Ricevi, figlia mia, questa corona in segno di quella che ti sarà presto data per renderti conforme a me». Allora non compresi quel che voleva dire, ma ben presto lo capii dagli effetti che ne seguirono: due terribili colpi che ricevetti sulla testa, di modo che da allora mi sembra di averla tutta circondata da spine di dolore acuminatissime, le cui trafitture finiranno con la mia vita. Di questo rendo grazie infinite a Dio, che dispensa favori così grandi alla sua meschina vittima. Ma, ahimè, come dico spesso, le vittime devono essere innocenti e io sono solo una criminale. Confesso che mi sento più in debito col mio Sovrano per questa preziosa corona, che se mi avesse fatto dono di tutti i diademi dei più grandi monarchi della terra. Tanto più che nessuno me la può togliere e che mi costringe spesso a vegliare pensando all'unico oggetto del mio amore, perché non posso appoggiare la testa sul capezzale, a imitazione del mio buon Maestro, che non poteva appoggiare la sua testa adorabile sul letto della Croce. Mi faceva provare gioie e consolazioni inconcepibili il fatto di vedere in me qualche rassomiglianza con Lui. Era con questo dolore che voleva domandassi a

Dio suo Padre, in virtù della sua corona di spine cui aggiungevo la mia, la conversione dei peccatori e l'umiltà per quelle teste orgogliose, la cui vanagloria gli è così sgradita e ingiuriosa.

108 Porta la Croce con Nostro Signore e accetta di essere crociftssa da un'acuta malattia

Un'altra volta, in periodo di Carnevale, cioè circa cinque settimane prima del mercoledì delle ceneri, si presentò a me dopo la santa comunione in forma di un Ecce Homo, gravato della sua Croce, tutto coperto di piaghe e lividi. Il suo sangue adorabile colava da ogni parte e Lui diceva con voce dolorosamente triste: «Non ci sarà nessuno che abbia pietà di me e che voglia compatirmi e prendere parte al mio dolore nel pietoso stato in cui mi riducono i peccatori, soprattutto in questo periodo». Io mi presentai a Lui, prosternandomi ai suoi sacri piedi con lacrime e gemiti, e mi caricai sulle spalle quella pesante croce, tutta irta di chiodi. E sentendomi schiacciata da quel peso, cominciai a capire meglio la gravità e la malizia del peccato, detestandola tanto nel mio cuore, che avrei preferito mille volte precipitare nell'inferno, piuttosto che commetterne uno volontariamente. «O maledetto peccato», dicevo, «come sei detestabile, tu che ingiuri il mio sovrano Bene!». Ma il mio Signore mi mostrò che non era sufficiente portare la Croce, perché bisognava che vi fossi appesa con Lui e che gli tenessi fedele compagnia partecipando ai suoi dolori, al disprezzo, agli obbrobri e a tutte le altre indegnità che soffriva. Mi abbandonai subito a tutto quanto Lui desiderava fare in me e di me, lasciandomi appendere secondo il suo desiderio, con un tormento che mi fece presto sentire le punte acute dei chiodi di cui quella croce era cosparsa. Erano vivissimi dolori che suscitavano, invece che compassione, solo disprezzo e umiliazioni e molte altre cose penose per la natura umana. Ma, ahimè, cosa mai potrò io soffrire, che possa uguagliare la grandezza dei miei crimini? Questi mi fanno sprofondare continuamente in un abisso di vergogna, da quando il mio Dio mi ha fatto vedere l'orribile immagine di un'anima in peccato mortale e la gravità del peccato che, ferendo una bontà infinitamente amabile, gli è estremamente ingiuriosa. Questa vista mi fa soffrire più di tutte le altre pene e vorrei con tutto il cuore aver cominciato a soffrire tutte le pene che l'espiazione dei miei peccati richiede, pur di prevenirli e impedirmi di commetterli, piuttosto che essere così miserabile da averli commessi. Anche se sono sicura che il mio Dio, nella sua infinita misericordia, me li perdonerebbe senza darmi quelle pene.

109. Le sue sofferenze durante il Carnevale

Questo stato di sofferenza, di cui ho appena parlato, mi durava normalmente per tutto il periodo di Carnevale fino al mercoledì delle ceneri, e ne ero ridotta allo stremo, senza poter trovare conforto o sollievo che non aumentasse ulteriormente le mie sofferenze. Poi, d'improvviso, trovavo abbastanza forza e vigore per il digiuno quaresimale, cosa che il mio Sovrano mi ha sempre concesso la misericordia di fare, sebbene talvolta mi ritrovassi oppressa da tanti dolori, che spesso, cominciando un esercizio, mi pareva che non sarei riuscita a portarlo a termine. E invece ne cominciavo un altro con lo stesso dolore, dicendo: «O mio Dio, fatemi la grazia di riuscire ad andare sino in fondo!». Così rendevo grazie al mio Sovrano, perché scandiva i miei momenti con l'orologio delle sue sofferenze, per far rintoccare tutte le ore con la ruota dei suoi dolori.

110. Nostro Signore talvolta le dispensava gioie invece dei dolori che aveva chiesto

Quando voleva gratificarmi con una nuova Croce, Lui mi preparava con tale abbondanza e piaceri spirituali, che mi sarebbe stato impossibile sopportarli se si fossero protratti, e allora dicevo: «O mio unico Amore, vi sacrifico tutti questi piaceri! Conservateli per quelle anime sante che vi glorificheranno più di me. Io desidero Voi solo, nudo sulla Croce, lì dove voglio amare solo Voi per amor vostro.

Toglietemi dunque tutto il resto, di modo che vi ami senza mescolare altri interessi o piaceri». Talvolta, in questo periodo, si divertiva a contrariare i miei disegni, come un direttore saggio ed esperto, facendomi godere quando avrei voluto soffrire. Confesso che entrambe le cose provenivano da Lui e che tutti i beni che mi ha fatto sono frutto della sua pura misericordia. Infatti, mai una creatura gli ha opposto resistenza quanto me, per via della mia infedeltà e del grande timore che avevo di essere ingannata. E cento volte mi sono stupita che non mi abbia annientata o che non mi abbia fatta sprofondare a causa delle mie molteplici resistenze.

111. La divina Presenza era severa quando aveva fatto qualcosa di sgradito a Nostro Signore

Ma per quanto grandi siano le mie colpe, quest'unico Bene della mia anima non mi priva mai della sua divina presenza, così come mi ha promesso. Ma, quando gli arreco dispiaceri, me la rende così terribile, che non c'è tormento che mi parrebbe più dolce e cui non mi sacrificherei mille volte, piuttosto che sopportare questa divina presenza e comparire al cospetto della santità di Dio con l'anima macchiata da qualche peccato. In quei momenti, avrei preferito nascondermi e allontanarmi se avessi potuto, ma ogni mio sforzo era inutile, perché ovunque trovavo ciò che stavo rifuggendo, con tormenti così spaventosi che mi pareva di essere in purgatorio. Tutto in me soffriva, senza conforti né desiderio di trovarne, e talvolta mi ritrovavo a dire nella mia dolorosa amarezza: «Oh, che cosa terribile è cadere nelle mani del Dio vivente!». Ed ecco come purifica le mie colpe, quando non sono abbastanza pronta e fedele da punirmi da sola. Mai ricevo grazie particolari dalla sua bontà che non siano precedute da tormenti di questo genere. E dopo averle ricevute, mi sento sprofondare in un purgatorio di umiliazione e confusione, dove soffro più di quanto riesca a esprimere. Ma conservo sempre una pace inalterabile, con la sensazione che nulla può turbare il mio cuore, sebbene la parte inferiore sia spesso agitata dalle mie passioni e dal mio nemico. Questi, infatti, prodiga tutti i suoi sforzi, perché non c'è nulla in cui sia più potente e sa bene che il suo grosso guadagno lo trova in un'anima turbata e inquieta. Il demonio sa come farne il suo giocattolo e renderla incapace di ogni bene.

Indice

Cerca gli altri classici della Christianita' su:
LIMOVIA.NET

GRAZIE!

Printed in Poland
by Amazon Fulfillment
Poland Sp. z o.o., Wrocław